走近藏传佛教

四川大学中国藏学研究所　整理
王尧　著

图书在版编目(CIP)数据

走近藏传佛教/王尧著.—北京:中华书局,2013.3
(2025.6重印)
ISBN 978-7-101-09232-5

Ⅰ.走…　Ⅱ.王…　Ⅲ.喇嘛宗-介绍　Ⅳ.B946.6

中国版本图书馆CIP数据核字(2013)第043804号

书　　名　走近藏传佛教
著　　者　王　尧
整 理 者　四川大学中国藏学研究所
策划编辑　张　苹
责任编辑　林玉萍
责任印制　陈丽娜
出版发行　中华书局
　　　　　(北京市丰台区太平桥西里38号　100073)
　　　　　http://www.zhbc.com.cn
　　　　　E-mail:zhbc@zhbc.com.cn
印　　刷　天津裕同印刷有限公司
版　　次　2013年3月第1版
　　　　　2025年6月第16次印刷
规　　格　开本/700×1000毫米　1/16
　　　　　印张19　插页6　字数170千字
印　　数　80001-83000册
国际书号　ISBN 978-7-101-09232-5
定　　价　69.00元

目录

引言

关于王尧教授的《走近藏传佛教》

从今天开始，我们将有一次很难得的机会，来聆听我国著名藏学家、中央民族大学教授、教育部人文社会科学重点研究基地四川大学中国藏学研究所的学术委员会主席王尧先生带给我们的系列学术讲座——《走近藏传佛教》。

藏族是一个全民信教的民族，西藏文化之所以让许多人感到神秘，一个很重要的原因，就是因为藏传佛教的存在。这片雪域高原上的寺院、佛塔、经幡，无处不在的“六字真言”和玛尼堆，雄伟的布达拉宫和大昭寺、小昭寺，都是藏传佛教的外部标志，在高原的蓝天白云衬托之下形成独特的文化景观，吸引着海内外众多人们的目光。实际上，藏传佛教的丰富内涵远远不止这些，它的独树一帜的活佛转世制度，显、密兼修的修行次第，浩如烟海的经典文书以及壁画、塑像、唐卡等佛教艺术，都蕴藏着巨大的知识含量，成为人类文化的一座“宝山”。但是，要真正走进这座“宝山”而不至于空手而返，就需要我们对藏传佛教有一些最为基础的认识和了解。

王尧先生是江苏涟水人，他早年就读于南京大学中文系，后来因为配合西藏和平解放后解放军进藏，1951年被选入中央民族学院（现在的中央民族大学）学习藏语文，开始了新的学术生涯。王尧先生是我国著名的藏学家，学术著述十分丰硕，在海内外藏学界有着很大的影响和学术声望，他先后被聘为奥地利维也纳大学、德国波恩大学、加拿大多伦多大学等多所国际著名大学的客座教授，也是国内南京大学的兼职教授、中国佛教文化研究所特约研究员、我们四川大学中国藏学研究所的客座教授和学术委员会主席、德国波恩大学《藏文历史文献》丛刊编委、四川大学中国藏学研究所主编的《藏学学刊》编辑委员会主席、西藏人民出版社《国外藏学译丛》主编等。他的著作可能在座的不少老师和同学都比较熟悉甚至经常使用，比如《吐蕃金石录》、《吐蕃简牍综录》、《敦煌本吐蕃历史文书》、《敦煌吐蕃文献选》、《西藏故事集》、《贤者新宴》等等。

这次王尧先生是应我们四川大学中国藏学研究所的邀请，以客座教授的身份来到成都，为我们讲授系列讲座。来川大之前，王尧先生曾经与我商量，这次究竟讲一个什么题目好呢？最后，他提出，为了让更多的同学认识和了解西藏、了解西藏的传统文化，选定了《走近藏传佛教》这个题目。他还特别给我交待，标题上的《走近藏传佛教》是“走近”而不是“走进”，因为只有走近它，才能够真正看清它、认识它、了解它，如果没有走近它，

就根本谈不上登堂入室、进入其中了。

事实也正是如此。可能包括许多去过西藏、对西藏有一定感性认识的人，却未必真正走近过藏传佛教。作为藏民族传统文化的核心内容，它的起源、发展的历史脉络，它的各个教派及其特点，它的活佛转世、修行次第和读经制度等等，如果没有一定的较为系统的知识基础，恐怕都是隔雾观花、一知半解。所以，对王尧先生亲自选定的这个系列讲座题目我深表赞同。希望大家能够珍惜这个机会，跟随王先生的讲座，一步步走近藏传佛教，这样就能够找到一把打开西藏传统文化“神秘之门”的钥匙，更为深刻地理解和把握藏族文化最为核心层面的内容。

王尧先生的这个系列讲座一共有九讲，内容涉及到藏传佛教的方方面面，他多年来研究藏族历史文化以及藏传佛教，有着深厚的积淀，将会深入浅出地引导大家科学、客观地看待藏族文化和藏传佛教，加深汉藏民族之间的相互理解与包容，建立更加和谐、理性的社会主义社会。

四川大学中国藏学研究所是教育部在全国高校中建立的人文社会科学重点研究基地，四川大学在藏学研究领域也有着悠久的历史和传统，涌现出诸如李安宅、任乃强、闻宥等一批优秀的学者从事藏学、宗教学、人类学、历史语言学等多方面的研究工作。由于我们地处西南，与西藏和其他藏区在地缘上有着十分密切的联系，成都更是今天进出西藏首府拉萨的重要门户，所以我们这个研究所有责任担负起向公众普及藏学基础知识、宣传科学的宗教观和唯物主义认识论的职责，透过藏传佛教神秘的面纱，还其历史的本来面目。今后类似这样的藏学系列讲座我们还将陆续举办下去，敬请老师和同学们关注。

四川大学中国藏学研究所所长　霍巍

第一讲

全民信仰宗教

一、藏传佛教与汉藏关系

藏族是一个全民信仰宗教的民族，这就需要先谈宗教问题。我国有五大宗教：佛教、道教、伊斯兰教、天主教和基督教。它们都是从事正常宗教活动，过着正常宗教生活的宗教。它们有宗教的经典，宗教活动的场所，以及宗教的戒律。“法轮功”大家都知道，那就不是宗教了，我们特意考察过，法轮功这样的邪教，为什么在藏区、新疆就没有其活动的空间呢？因为它活动不了啊！因为它完全是寻章摘句，拼凑出了一个所谓的“法轮大法”，藏族同胞们看后肯定会说：“呸，什么东西！”

我们再来看看伊斯兰教，它在国外是和民族糅到一块的，那么，我们对持伊斯兰信仰的人究竟该如何对待呢？我国有十个民族信仰伊斯兰教：回族、维吾尔族、哈萨克族、柯尔克孜族、乌孜别克族、塔吉克族、塔塔尔族、保安族、撒拉族、东乡族，我所见到的一个统计数字说，其信仰总人口为二千九百万。我国省级自治区中，有两个为伊斯兰教信仰的自治区，即新疆和宁夏，这么广大的地域，这么多的人口信仰斯兰教，那么这些伊斯兰教徒和信仰其他宗教的人，以及无宗教信仰者，在我国是如何相处的呢？长期以来，以仁、爱为中心的儒家思想促成的融合，使伊斯兰教在我国，近若干年来很少出现冲突，至少没有像在中东地区那样，产生伊斯兰教各派别之间以及伊斯兰教与其他信仰之间的那种冲突。

那么佛教呢？我们知道佛教也是一种外来宗教，中国人以一种博爱之心接受了产生于印度的佛教，并逐步将中国的思想融入到佛教中来，使之成为中国人能够接受的宗教。在西方，荷兰人许里和（Erich Zürcher）写过一本很出色的关于佛教为何在中国传播、发展和扎根的书《佛教征服中国》（*The Buddhist conquest China*），于1972年出版，影响很大，也颇有些真知灼见，令人信服。大家不妨找中文译本一读。

中国人的佛缘：佛教的三大分支

现在世界上，佛教有三个大的分支：一是北传大乘佛教，其传播地区为中国、朝鲜、韩国、日本等国，它们都是通过中国，以汉传的经典为中心来传播的。二是南传小乘佛教，范围包括今天的缅甸、斯里兰卡、柬埔寨、泰国、越南及中国云南的西双版纳及德宏地区等地。三是金刚乘，我们现在也将其归入大乘范围，它以菩萨乘思想为中心，这就是我们所说的藏传佛教。这三个分支我们中国都有，所以中国人和佛教是特别有缘的。佛教传入中国

已近两千年，已成为中国思想的一部分。

藏传佛教不叫“喇嘛教”，汉传佛教不叫“和尚教”

藏传佛教，它不仅传入我国藏族地区，还传入蒙古族地区、裕固族地区、土家族地区。我们曾经接受了日本人的称呼，称它为“喇嘛教”，但藏传佛教界不承认这一称呼。早期，在北京成立藏传佛教研究会时，有人建议叫“喇嘛教研究会”，就有一位大师上台发言，认为不能叫“喇嘛教研究会”。实际上，在藏地，不是所有出家人都可以叫喇嘛，只有一些有知识的、有转世等级的，方可称为喇嘛。汉人不了解这一情况，见到穿红袍者

萨迦寺藏传佛教僧人

就叫喇嘛，甚至还有什么“老喇嘛”、“小喇嘛”之类的称呼，这样的称呼是不妥的。日本人所谓的喇嘛教，是从英文“Lamaism”套过来的，但我们不应采用这一称呼。一些藏族朋友私下里也说过，你们叫我们的宗教为“喇嘛教”，你们的出家人称“和尚”，我们称你们的宗教为“和尚教”，可以吗？因此，我们不取“喇嘛教”之名，而称其为“藏传佛教”。学过藏语文的知道，其藏语名称为“bod-brgyod-nang-pavi-chos”，它是指在藏区传播的，或通过藏区传播的佛教。

“佛教占领舞台，上演苯教节目”

我们知道，在藏区它是全民信仰的一种宗教，可能会有人说，在藏区至少有两种宗教，即佛教和苯教（bon-chos），怎么可以说藏传佛教是全民信仰的宗教呢？不错，藏区确实有苯教这么一种宗教。根据文献记载，佛教传入藏区是公元7世纪的事，在此之前流传于藏地的宗教即是苯教，藏语称为“bon”。但当佛教传入后，二者经过长期的摩擦、融合，今天，苯教几乎已成为佛教的一部分而存在。苯教典籍中保留了西藏大量的传统文化和历史，四川藏区就是苯教盛行的地区，今日的旅游胜地九寨沟、黄龙正是苯教的活动中心。德国宗教学者H·霍夫曼曾经说过：“在藏区，似乎是佛教占领了舞台，可上演的是苯教节目。”［见于他的著作《西藏的宗教》（*The Religions of Fibet*）的序言。］

汉人的功利主义信仰

藏传佛教为藏族全民信仰的宗教，那么汉民族的宗教观念是怎么样的呢？汉民族接受的是孔子的学说，“子不语怪力乱神”。宗教涉及生死问题，而孔子说：“未知生，焉知死。”因此我们对宗教往往不够虔诚，任何宗教都可以拿来为我所用，对太上老君、对上帝、对释迦牟尼都要拜一拜，这就是汉民族的宗教态度。对任何神灵都要膜拜，好让他们来保护自己，以求得自己的平安，但对任何神灵实际上却并不虔诚，虔诚地为某一种宗教献身在我们这里是不存在的。大家想一想，在中国历史上有没有像西方历史上那样的宗教冲突与杀伐，譬如十字军东征之类的事件？太平天国运动也仅仅是打着宗教的旗号而已，其实它仍旧是民族战争，中国内部的民族战争。侯宝林先生关于老太太请佛龛的相声《请佛龛》也说明，我们汉人的信仰是功利主义的。以前的人对于扮演警察角色的灶王爷，必须说“请”，但又因为购买它而花去了几毛钱，牵得肋骨疼，所以咒它为“破玩意儿”。汉人的这种功利主义信仰，与藏族全民信仰佛教、虔诚信教的态度是完全不同的。

藏胞的虔诚：用额头磨亮一圈墙

我曾在西藏工作过多年，跑过许多地方，对藏族人民有深厚的感情。曾经有过这么一件事情：“四人帮”垮台不久，我受中国社科院宗教研究所的

大昭寺广场全景

委托，去西藏搞调查，去了解有多少人次、多大比例的人群要求开放寺庙，因为寺庙在“文革”期间被关闭了。那期间有一个发现令我十分震撼，就是大昭寺周围与人头齐高的一圈墙上油光闪亮。我们知道，这是礼拜者以头抵墙留下的，这充分说明了因为宗教生活不能实现而在人们心目中产生的痛苦是何等巨大。拉萨市宗教管理局的同志曾告诉过我这么一件事：在他们尝试开放大昭寺期间，某次，有一位藏胞进去后，围绕释迦牟尼像转了一圈，将一个小包塞到下面，人们感到奇怪，后来经过检查，发现原来是四百元人民币。大家想一想，1978年的四百元钱，是一个公务员半年多的收入啊！藏胞对宗教信仰的虔诚可想而知。

总之，藏族是全民信仰佛教的，这其中包括苯教，因为今天苯教实际上是作为佛教的一个分支而存在的，当然，历史上的情况另当别论。

天下没有纯粹的汉族

汉族是全世界人口最多的民族，中国十三亿人中有十二亿一千万是汉族，可是我们要想找一个标准的汉族，纯粹的、百分之百的汉族，没有！谁敢说自己是纯粹的汉族（pure Han/Chinese）？汉族，也就是现今的“Chinese”，实际上指的是中华民族主体。这个汉族从何而来，为何如此之大呢？这与汉朝有关，是汉朝逐步用起来的称呼，在此之前，则叫作夏。由此以降逐步形成的汉民族，实际上是融合了许多民族。

远的不说，就说说汉末的“五胡乱华”吧。匈奴、鲜卑等民族到哪儿去了？这些民族了不起啊！他们曾在黄河以北，乃至淮河以北建立了王朝，前后达二百八十余年。那时，他们是政治上、经济上占绝对优势的统治民族，统治着夏的后裔——汉人。原先他们是胡人，通过和夏的后裔接触，逐渐地，胡人汉化，汉人也胡化了，后来大家都成了汉族，这是当时北中国的局面。

以《木兰辞》为例来说明这一情况。该故事发生于南北朝时期的北朝，其中有“昨日见军帖，可汗大点兵。军书十二卷，卷卷有爷名”这样的句子。大家知道，“可汗”是指胡人的首领，而“军书”是胡人在占领区屯垦，编造名册，以备闲时种田、战时征召打仗的一种产物。木兰的父亲可能是一个“特种兵”，所以才会“军书十二卷，卷卷有爷名”。那么，此时的木兰是怎么想的呢？“阿爷无大儿，木兰无长兄”，所以她想代父出征。可见木兰是个有孝心的人，而忠、孝这样的观念本是汉人的观念，也就是说，木兰具有汉人的思想。让我们再来看看战争发生的地点，“旦辞爷娘去，暮宿黄河边”，在黄河边上，也就是北中国呀！“旦辞黄河去，暮至黑山头”，也就是说，到了北京郊外燕山山脉了。据此我们想，木兰可能不是汉人，她或许是汉化的胡人，或者是胡化的汉人。我们的古人很聪明，给木兰取了一个姓——花，叫花木兰；木兰的父亲叫“花弧”，“花弧”者，“化胡”也，汉人化胡了！汉人化胡也罢，胡人化汉也罢，都说明纯粹的汉人是不存在的，是你中有我，我中有你。

再往后看，元朝时，蒙古人建立王朝，派兵到全国把守，再次造成民族融合。大哲学家梁漱溟先生、地质学家李四光先生等，都是蒙古人。到了清朝，满洲人进来了，又是一轮民族融合。于是，汉族成为一个大民族，就是这么来的。

俄语中为何称中国为“契丹”（kidai）

在座可能有学俄文的，在俄语乃至整个斯拉夫语系中，都称中国为“Kidai”，也就是“契丹”，这是因为当俄罗斯于公元10～11世纪兴起时，他们接触到的中国人乃是建立辽朝的契丹人。辽朝的都城建在了北京，我们今天说北京是千年古都，其建都之始就在辽朝契丹人的时候。后来横跨亚洲的辽国到哪儿去了？契丹人都被杀了吗？没听说过有这样的大屠杀。移民了吗？那么移到了何处？可能都已经融入到汉民族中来了。所以百分之百的汉人是不存在的。也因此，汉人是没有民族优越感的，汉族是融合了诸多民族的优点后才形成的。周恩来总理在1960年青岛民族工作会议上说，汉民族作为世界上最大的民族，没有民族优越感，汉民族实质上是一个“大杂烩”。目前，我们汉藏两个民族的相处也是经历了这一过程的。

学习宗教时，特别是现在的西方学者，认为佛教能够拯救西方文明的危机，这种呼声很高。但要学习佛教，有两种文字必须学习，一是汉文，一是藏文，这就导致了现在的西方有很多人在学习藏文。为什么学习藏文呢？因为有藏文的《大藏经》。这点我以后再细讲。

满蒙藏联盟：利用宗教得以形成

藏传佛教在中国是得到认可的宗教，她和藏民族是密切联系在一起的。

而居住在我国东北的满族人原先信奉萨满教，后来也改信了藏传佛教，这始自何时呢？根据文献记载，应始于五世达赖早年时期。当时，五世达赖正在和噶玛噶举派支持的藏巴汗争夺政权，需要争取外部支持，这时明王朝已经日薄西山，就有高人支招，建议他与满洲取得联络。五世达赖和四世班禅采纳了这一建议，派人绕道蒙古地区，前往满洲大本营奉天，也就是今日的沈阳。当时掌权的是皇太极，他派人热情接待了西藏来人。藏人说，我们会算，算到满洲将会取代明朝。为什么呢？因为你们叫“满洲”，这和文殊菩萨是同一个词——文殊菩萨梵文名称为“Manjusri”，你们是文殊菩萨的化身，所以一定能得天下。皇太极听得那个舒服啊，连说：好的，好的，我们愿意接受喇嘛的祝福。从此就初步形成了满蒙藏的联盟。后来满洲人进关称帝，利用的就是这一联盟，而这一联盟是巧妙地利用了宗教后得以形成的。从此，西藏人向清廷上奏章时，称皇帝为“文殊大皇帝”，满族也就接受了藏传佛教，使它进入了宫廷。顺治入关后不久，即派私人代表伊拉古克三前往藏区与五世达赖、四世班禅共商大事，并邀请喇嘛进京，五世达赖接受了邀请。

五世达赖进京

五世达赖进京是值得纪念的日子。当时，就如何迎接五世达赖问题，满臣主张出迎，汉臣则强调君臣之礼而反对出迎，最后采取了皇帝出猎路遇的方式，将五世达赖迎进了北京城，时在1652年。

五世达赖觐见顺治帝（清，布达拉宫壁画）

我们知道，满洲人入关是在1644年，也就是说，满洲人在入关仅仅八年后，就迎请达赖进京了。那时，达赖的办公场所不是在布达拉宫，而是在哲蚌寺的甘丹颇章，达赖也还不是领有全藏大权的宗教领袖，但达赖进京率领了三千人的庞大队伍，一路向北京而来，最后人进了京城，马则留在蒙古岱哈池水草丰美的地区放养。1652年底，在京城南苑，顺治帝以打猎为名，在半路上接到了达赖喇嘛。

二、佛教在西藏的传播（前弘期佛教）

佛教在西藏传播也是一个漫长的过程。印度的佛教向西藏传播的时候，因为是到了印度的佛教的末期，印度的佛教想和印度教一争高低的时候也不得不向印度教靠拢，所以当时印度的佛教有向印度教靠拢的倾向，里面多了一些后来在西藏传播的密教的东西。我们内地呢，特别是新疆、沿着河西走廊，一直到北部的华北，然后过了长江南传，一直到南北朝时南朝的宋齐梁陈，到了隋唐时期，随着中国统一的形势，佛教已经在中国占领了宗教界主要地位。作为宗教来说，它占领了主流。当然，在中国传统中有道教、儒家。儒家不是一个宗教，但是儒家作为一种思想的武器，它是很有利的。于是佛教就逐渐地和儒家、道教某些成分融合，在中国形成了一个受到普遍欢迎的宗教，而朝廷某些领导人尤其欣赏它。

2002年3月，台湾由佛光山星云法师牵头，迎请供奉在西安法门寺的佛指舍利到台湾去供广大信众瞻仰朝拜，受到岛上同胞的热烈欢迎，有四百万人欢迎这个佛指舍利。国家宗教局局长叶小文对此也非常清楚，他回来以后很感慨地说："没想到佛教对于两岸认同、两岸同胞团结起到了一个我们意想不到的作用。"从这点来看，在唐朝的时候虽然有过灭佛，在北朝也有过北魏太武帝灭佛，佛教经过一些挫折，但最后还是变得很兴盛。那么，佛教

三武一宗灭佛：指中国历史上北魏太武帝灭佛（444～446年）、北周武帝灭佛（574～577年）、唐武宗灭佛（845年）、后周世宗灭佛（955年）四次灭佛事件。佛教传入中国以后，得到广泛传播，尤其在南北朝及中唐、晚唐几度臻于鼎盛，庙宇众多，僧尼享有很多特权，由此引发诸多矛盾。"三武一宗灭佛"，各帝王动机不一，情况各不相同，但究其根源，则有其共性，主要是政治原因，思想文化领域的冲突，僧团道风方面的缺陷，寺院和国家之间的经济利益的矛盾等方面。在四次灭佛活动中，大量寺院被禁毁，僧尼或被诛杀或被迫还俗，经籍散佚，佛像销毁，佛教遭到严重打击。从结果看，"灭佛"确实有利于发展生产和增强国家的财政、军事实力。大量僧尼还俗，并被编入民籍，不仅为社会提供了充足的劳动力，有利于发展生产，国家的征兵之源也得以保障，而且为封建国家的税收提供了不竭之源。同时，大量的寺院财产被没收充公，增强了国家的财政实力。虽然佛教在浩劫之后便迅速复兴，显示了极强的生命力，但灭佛也表明，当佛教的发展对封建统治有利时，便会得到支持、扶植；一旦脱离或偏离封建政治轨道时，便会受到打击、限制。一句话，神权必须服从王权，宗教必须为封建统治服务。

文成公主像（泥塑，布达拉宫法王洞）

拉萨大昭寺主供释迦牟尼十二岁等身像

由唐朝向西传播——就是向藏族地区传播，也是必然的。

一些从印度逃亡来的法师，离开印度，过雪山到藏区来，由于语言不通，当中有一些挫折，但是后来藏族学者学会了同法师合作，长期从事佛典翻译，使得佛教逐渐传入藏区，开始的时期是传到宫廷、贵族，后来一步一步传播。佛教提出来“人人皆有佛性”，每个人都可以成佛，像这样的平等观念，对于某些奴隶主阶级的人是很难接受的。他们认为：我，一个贵族，怎么能和一个奴隶平等，他也能成佛？很难接受。开始时有一些领主和贵族反对佛教，但拥护佛教的人也不少。

七十三岁松赞干布迎娶十八岁文成公主

当时吐蕃王朝的宫廷里是欢迎佛教的，其中一个原因是因为文成公主——藏族里无人不知无人不晓的一个英雄人物。她十八岁时来到西藏，带来了现在供养在大昭寺的释迦牟尼佛十二岁等身像。文成公主是公元641年作为和亲的公主到西藏的。那时候到西藏是很困难的，她路上经过了三年的旅行才到了西藏，和松赞干布结亲，成为第一位由朝廷派出到西藏的人。文成公主这个人是了不起的，一个十八岁的年轻女孩子，离开父母之邦，来到万里之外的风雪高原。现实并不像后来一些理想主义的作家写的，文成公主十八岁，松赞干布二十五岁，郎才女貌。据历史考证，文成公主进藏那一年松赞干布已经七十三岁，九年以后，松赞干布就去世了。然后，文成公主在

文成公主入藏图（布达拉宫壁画）

西藏生活了三十一年。所以，文成公主这个人很了不起。

以前汉人对女性是很不尊重的，认为“女人头发长，见识短”，还有很多很多污蔑女性的话题。比如家里过去是不是在灶房里写“童言妇语，一概无忌”？这是怕灶王爷记住家里人讲的不合规矩的话。所谓“童言”，是说小孩没有知识，他说话没有水平，胡说八道，希望灶王爷不要记住；同时把妇女也降低到小孩的水平，说妇语和童言一样，妇女和小孩一样被看不起。妇女结婚后不生孩子怪妇女，不生男孩也怪妇女。其实我们现在知道生不生孩子不是一个人的事情，可以前就是怪妇女。女人可怜，就祈求：“哎呀，菩萨呀，你帮帮我，让我生一个男孩吧。”所以后来就出现了送子观音。送子观音是我们汉人创造出来的，实际没有这样的观音。

观音菩萨本是男的

内地对观音菩萨的尊重是很特别的，观音菩萨是中国普遍的民间信仰。观音菩萨本是男的，一个男菩萨，天天求他，还在房间里挂上菩萨像，有点“男女授受不亲”，不太合适，逐渐地就把观音菩萨女性化了。

观音菩萨是印度人，本名叫“Avalokite vara”，是个很著名的菩萨。他是个男的，有胡子，现在达赖喇嘛自称是观世音菩萨的化身，也可以证明观音菩萨是男的。可是我们汉族就不同了，不能让他成男的，就逐渐变成女的，

度母：梵名为“Tara”，汉译为“圣救度佛母”、“多罗菩萨”，藏语译为“卓玛”。据说为观音菩萨的眼泪或目光所化，共有二十一尊，身色、标帜、姿态、功能各有不同，但均能救度厄难，是藏传佛教中重要的女性尊神。在西藏传统中，一般以文成公主为白度母化身，尼泊尔墀尊公主为绿度母化身。

妇女更欢迎女菩萨，供在、挂在家里没有嫌疑。所以后来也有传说，松赞干布就是观音菩萨化身，而文成公主和尼泊尔墀尊公主两位佛教徒都是度母。

桑耶寺兴佛证盟碑

文成公主远嫁异邦来到青藏高原，在路上走了三年，然后长期在风雪高原度过，谁念到了她的痛苦？我们现在怀念这个伟大的人物，就要想一想，佛教在这样一个前提下很重要，因为她也得到一种精神上的安慰。她以佛教的济世精神来到西藏，也准确地说明内地佛教是通过文成公主进藏传播的。另外，唐朝廷派法师到西藏来，每两年一换，都有记载的。

《吐蕃僧诤记》：两个流派的大辩论

内地佛教在西藏传播，同时，印度佛教也在西藏传播，这样西藏的佛教很快形成了一种力量，内地（传来）的佛教和印度（传来）的佛教两个流派在一些观点上发生了分歧，然后在西藏展开了大辩论，主要是佛教教义和修行方法的辩论。关于这个辩论，法国人戴密微（Demiéville）教授写过一本书，他从敦煌卷子里发现了这个辩论的内容，（这本书）就叫做《吐蕃僧诤记》，有汉文的译本，大家可以看一看。

佛教得到吐蕃王室的支持

佛教早期传到西藏的时候经过了一些痛苦的过程，后来得到了王室的支持。藏王有个王妃没庐氏出家，她出家的事有记录，出家以后发愿铸了一个大钟，这个钟至今还在，就在桑耶寺；藏王立了个碑，碑文上明确记录了佛教在朝廷支持下得到弘扬的经过，这个碑也还在。

我二十多年前研究吐蕃时期的金石文字，曾经弄了一本小书，叫《吐蕃金石录》。远在美国的李方桂教授和曾在拉萨住过七年的英国人黎吉生（H.Richardson），他们也注意到这方面的资料，较早地搞了些研究，发表过文章；后来李方桂先生与柯蔚南（Cublin South）先生合作，出了一本英文的《西藏古代碑文研究》，是台湾“中研院”史语所于1987年出版的。

这一时期有几件标志性的大事：

建立了第一座寺庙桑耶寺

桑耶寺在现在拉萨的东南，雅鲁藏布江的北岸。桑耶寺藏文全名叫“lugs-gsum bsam-yas”，“lugs-gsum”有两种解释：一种解释是“三种样

桑耶寺乌孜大殿

式”，“gsum”意思是“三”，“lugs”是“样式”，指桑耶寺底下一层是藏族（建筑）的样式，中间一层是印度（建筑）的样式，上面一层是汉人（建筑）的样式，汉、梵、藏三种样式，“lugs-gsum”就有这种解释；另外一种解释，是我们从一个文献中看到的，较早期的藏文史籍《拔协》另有个写本，收藏在西藏档案局（馆），我们从那儿借出来，看了一眼，它把这个寺庙叫做“lug-gsum”，“lug”是“羊”的意思，“lug-gsum”就是“三

七觉士

羊”，“三羊”这个词在汉语中是吉祥的话，叫做“三羊开泰”，否极泰来，在八卦中泰卦是吉祥的卦，否卦是一个不吉利的卦，“lug-gsum”意思就是“三羊开泰”，就是“吉祥”！所以这个庙就应该叫吉祥寺。两种不同的说法，现在已经没办法对证了。

这座庙于公元779年建成，据说建筑的时间大概花了十二年。以前也有些个人供养的殿堂，但没有出家人，没有正规的礼拜秩序，也缺乏正规的经典，所以那种私人性质的小殿堂不能叫做庙。叫做庙的一定要有供奉的佛，一定要有出家人，一定要有出家人礼拜的秩序，就是戒律，这样的寺庙我们叫做“dkon-mchog-gsum”（三宝俱全）。

“七觉士”出家

有了寺庙，就有人出家，第一批出家的藏人，叫做“七觉士”（sad-mi-mi-bdun），意思是七个有觉悟的人。这七个有觉悟的人都是贵族，都很聪明能干，他们好像打开了佛教的大门一样，带动了更多的人出家。此后出家人不断增多，其中有一个记载，说宫廷里有五百多人出家，由王妃没庐氏带头。没庐氏王妃出家后叫做绛秋洁（byang-chub-rje，菩提主），她铸了一口大钟，藏王还刻了个碑，这些东西现在都还在。我刚才讲的我那个小书里面都收录了。

三大译场和三大译师

那么经典呢，藏族建立了三大译场，用藏文翻译佛教的经典。这三大译场利用了三个宫殿，一个叫旁塘宫，一个叫青浦宫，一个叫丹噶宫，这三个宫殿就成为三组翻译家们工作的地方。翻译经典时为了避免重复，于是三大译场齐头并进，藏语翻译事业得到迅猛发展。从这里可以看出藏族虚心向学、向上奋进的精神。当他们接触到佛教这样一种宗教——与苯教有所不同，如同一股新风吹了进来，他们就迅速地跟上，组织译场。印度的法师和藏人的法师合作，形成了翻译的高潮。当时藏族里边出现了三大译师，一个叫“噶”——噶瓦贝则；一个叫“属庐”——属庐·鲁意坚赞；一个叫“尚”——尚·益希德，三大译师（和其他译师）一起翻译，互相校看，你翻译错了我们都给你纠正出来。

世界上第一部梵藏双语词典

在藏族翻译家们的努力之下，公元8世纪、9世纪之间，出现了世界上第一部梵藏对译的“双语词典”。我们知道扬雄的《方言》和许慎的《说文解字》都出现在汉代，但都不是双语对译，而是一对一的。藏语的“双语词典”，叫“Mahāvyutpatti”，我们汉文把它翻译成《翻译名义大集》。这个词典是了不起的。它为什么了不起呢？因为它是在翻译过程中积累起来的。当年藏族的翻译家们在翻译佛教术语的时候，每遇到一个不能确定意义的词，就提出来大家一起讨论，讨论以后又经过几次研究、讨论、辩论，最后定一个合适的翻译。

我举一个例，最近在安多地区新发现的一块石刻，是吐蕃时期的，我做了一点（工作），在他们发现的拓下来的（拓片）基础上，帮助认一认。其中有个词——“法”，现在应该叫做“chos”，比如“nang-pavi-chos”，佛教；“bon-po-chos”，苯教；“yashui-chos”，耶稣教；“nam-bdag-gyi-chos”，天主教，所有的“chos”，就是“宗教”，统一用“法”这个字来代替。这个“法”依梵文译成藏文就念“dharma”，现在安多玉树石刻上，佛教中“宗教”这个词还是用“dharma”，没有用“chos”，从中可见出这块摩崖石刻可能是什么时代产生的，是什么时代立的。

这部《翻译名义大集》最后由一位日本学者叫榊亮三郎的，把它加以改编，增加了英文、日文，变成了梵藏英和四体词典，于20世纪初出版。

马球的发明者是藏民

我用过这个词典，因为我曾经写过一篇小文——关于“Polo”这个词。“Polo”是什么东西呢？是“马球”。许多人以为“Polo”是“ball”的变体，像篮球（basketball）、足球（football），“ball”这种东西出现不到二百年，可是“Polo”那个东西年代就长了。马球，骑在马上拿着曲柄球棍击球，把球投到对方门里算赢，和现在马球的游戏规则差不多。这种体育活动，我认为发明者是藏族的先民。我写过一篇马球起源的考证小文，当然有几位老前辈也注意过马球，向达先生，还有刘子健先生、朱杰勤先生，都是研究中西交流史的，他们写过文章，认为马球是从波斯传来的——波斯就是现在的伊朗，（从）伊朗经过丝路传到长安，从长安又传到西藏。其实当时西藏人打马球是很有名的，当时马球的冠军，国际性的冠军大概就是西藏人。

有这样一个故事：当时吐蕃人在长安太学留学的学生（豪酋子弟）相当多。当李隆基还是临淄王时，他领导着一个宫廷球队，球队由驸马杨慎交等人组成，很豪华，骑的是很好的皇家马。临淄王李隆基派人问那些吐蕃留学生："怎么样，你们有球队吗？""马马虎虎有一个。"双方说好了比赛马球。赛马球那是长安城里一件轰动的事啊，达官贵人、满城百姓全涌到大明宫看比赛，——"大明宫"碑刻三个字现在存在日本奈良，我在奈良看到过这个碑。大明宫有个球场，是用清油泼地的。两支球队跑来跑去、打来打去，没有分出胜负；击鼓，接着打；天黑了，看球的人全举着火把，灯火通明。最后这场球谁赢了？历史书上没有写。我想肯定是西藏人赢了，如果唐朝宫廷球队赢了，哪怕赢一分，也肯定会记上的。

那么马球是什么样的呢？当时的球就是将线团起来，外面用皮子包起来，有一定的弹性，然后染上红的颜色，驰马飞击就如流星奔月。美籍德国的东方语言博物学家劳费尔（B.Laufer）明确指出，这种活动是西藏人发明的。我想他们也没有必要吹捧西藏人。实际上，我想，就“Polo”这一个词看，藏族学者、翻译家们在编纂词典时，把日常常用的词也收录进来了。

现在这种球艺在西藏已经没有了，而在巴尔蒂（Balti）地区有。巴尔蒂地区，就是现在巴基斯坦境内一个藏人聚居区，它的首府是斯噶都。“Balti”就是我们藏文文献中记载的“dpal-di”，就是指“小勃律”，住在这里的人讲藏语。这些人的生活习惯是藏人的生活习惯，但是宗教是伊斯兰教，当地的语言中有大量的伊斯兰借语，可其他基本语词都是藏语。这个地区一直打马球，现在已成为世界上有名的马球胜地。德国的学者萨迦斯托尔·莫妮卡专门研究这个，她到巴基斯坦去过很多次，收集了一些东西，发现巴基斯坦的球杆是木头的。

我们现在称呼马球为“game's king，king's game”，意思是“王者的游戏，游戏之王”。我认为这个确确实实是藏族的发明，阴法鲁、应琳二位教授也是持这种观点的。向达先生认为，马球是经过丝绸之路，从西亚古波斯传到长安，再从长安传到西藏的；而我认为是由西藏传到长安，再从长安传到西亚，跟向先生的看法是“路线相同，方向相反”。

堪洛曲松三尊像（清，布画唐卡，布达拉宫藏）

藏传佛教三杰："堪洛曲松"

藏族在这个时代留下了宝贵的遗产，修建了桑耶寺，有七个人出家了。在藏传佛教中，有三位杰出人物，叫"堪洛曲松"（mkhas-blo-chos gsum），我们叫"藏传佛教三杰"："堪布"是静命大师（希瓦措），"洛本"是莲花生大师，莲花生大师对传播佛教来说是立了大功的，"曲"是藏王墀松德赞赞普。这段历史恰恰就是在公元779年前后，正是藏王墀松德赞当政时期，是（藏传）佛教的初步本土化时期。

到现在为止，藏传佛教寺庙中关于莲花生大师有很多传说，据说桑耶寺等五六座寺庙的建立都是他作出的重大贡献。当初佛教传到藏区的时候，原有的信仰苯教的人不支持，认为佛教里都是外国人，释迦牟尼——外国人，文殊菩萨——外国人，都是外国人，没有我们藏人，在信仰上就产生了

静命（寂护）：古印度佛学家，梵名"santarakaita"，生卒年不详，藏译名"希瓦措"，意译为"静命"或"寂护"，又称"菩提萨埵"。生于孟加拉，曾任那烂陀寺首座，为大乘佛教中观自续派论师。8世纪中，应吐蕃赞普墀松德赞（755～797年在位）之请，两次入藏传播佛教，与莲花生等创建桑耶寺，并任该寺第一任堪布，剃度"七觉士"出家，开始在西藏建立僧伽制度。前后在藏十余年，并圆寂于此地。著有《摄真实论》、《中观庄严论》等。

疑惑。藏族里面原来苯教有些信仰，河有河神，山有山神，水有水神，像现在的念青唐古拉（山），“念青唐古拉”就是一个山神，很厉害。山神人格化了，他有太太，还有儿子——也是一座神山，藏民对他很崇拜。他们就歧视外来的佛教，于是就发生冲突乃至于流血了。遭遇到几次挫折以后，当地佛教徒把莲花生请来，他就说，这个很容易，你们不是说当地有山神有水神吗，都搬到佛教里成为佛教的护法神，就形成了佛教的万神殿。这样藏传佛教就把原来当地的崇拜和信仰统统吸收进来，最后皆大欢喜，当地人也觉得信仰、崇拜的神都是熟悉的，这样就减少了人们心理上的反感。这是莲花生

宴前认舅：较早期的藏文史籍《拔协》及稍晚的《贤者喜宴》等古文献中，均记载有一则关于墀松德赞生母之争的故事。据载，金城公主生子墀松德赞不久，当墀德祖赞赞普准备去观瞻王子时，那囊氏王妃先将王子抢走并宣称是其所生。大臣为辨别谁是生母，将王子置于平坝上的洞穴之中，规定谁能得到王子就判给谁。金城公主先抱到王子，但那囊氏不顾孩子死活抢夺，金城公主担心孩子死去，遂松手说：“孩子是我的，你这个女凶手！”大臣们于是知道金城公主是王子生母。等王子周岁举办开步喜宴时，赞普将一金杯注满酒，让王子将酒杯交予舅舅手中，确认谁是生身母。王子不顾那囊氏族人的诱惑，径直将金杯递给汉地大臣并步入他们怀中，说：“墀松德赞乃汉人之子，你那囊氏岂能为舅？”金城公主大喜而歌。抛开这个传说的真实性不谈，吐蕃时期留下来的唐蕃会盟碑碑文中，也多处提到舅甥之谊，证实了墀松德赞乃金城公主之子。

大师重要的贡献。

“曲”就是藏王墀松德赞，他的贡献除了修建桑耶寺，还发布了许多诏令，大力推行佛教，对于用各种手段来反对佛教的人预设了一些警告。西藏民间有一个传说叫“宴前认舅”，流传至今，还画在寺院壁画里，可见墀松德赞在藏族群众当中是很有威信的。

这就是吐蕃时期弘扬佛教的“三杰”。

三、佛教与苯教的冲突及灭佛运动

佛教与苯教的冲突

前面提到佛教传到藏区以前，藏区本地有一个固有的宗教——苯教，佛教传进来以后当然会有一些碰撞和摩擦，最后达到融合，这是一个很长的过程。

佛教在藏区的发展得到了当时藏区王室的支持，贵族当中也有相当一部分人接受了新的思想，从印度和唐朝汉地两个方面传进来的佛教，就初步地在西藏扎根了。建造了第一座真正的寺庙桑耶寺；有第一批出家人了；也可以翻译经典了，这样，所谓佛法僧“三宝俱足”的正规佛教逐步地建立起来。

但是佛教和苯教的冲突远远没有停止，有的时候是明的，有的时候是暗的，有的时候是以宗教辩论的形式出现，有的时候以部落与部落之间的斗争，或者是政治层面上的斗争出现，这也是一条规律。一些思想斗争往往以政治形式表现，所以就发生了一些新的情况，就是佛教在一定时间内占了优势。

藏王世系

根据有记载的佛教历史来算，从松赞干布算起——大家都知道的很有名望的藏王松赞干布，他的儿子贡日贡赞早死，所以他去世后由孙子芒松芒赞继位。芒松芒赞死后由他的曾孙墀都松继位。

墀都松后来死于军中，战争发生在云南。二十多年前在云南曾经发现一个墓葬，据说就是藏王（墀都松）葬在那里的墓地，也许陪葬了一些东西，或者是衣冠冢，他的遗骸是运回西藏，葬在山南琼结王墓群中的。墀都松是一个大智大勇的人，他为了巩固藏王的政权，曾经发动了一次相当重大的政治行动，把在西藏政治舞台上占有重要地位的，也是几代人实际操纵西藏政权的大相禄东赞的家族——在藏族史中叫“噶尔”（mgar）家族，用突然袭击的手段把他一家二千多口处死了。这个家族中一些主要人物领军驻在东部，后来就领着军队投顺了唐朝。他们当时率领了军旅七千帐——至少有三万五千人，投顺了唐朝，后来世代在唐朝做官，改姓“论”。这个家族在内地繁衍，明朝时还有人在朝廷任职。

墀都松死后，就是墀德祖赞继位，墀德祖赞就是和金城公主成婚的那一位藏王。墀德祖赞的儿子就是墀松德赞，就是藏语中“堪洛曲松”中的“曲”。

墀松德赞于公元779年建成了桑耶寺，信仰佛教，支持佛教，在整个藏区推行佛教，留下了很多记录，这是不用怀疑的。墀松德赞死后，他的儿子墀德松赞进一步把佛教从文化到政治层面上向纵深发展，建立了“僧相”——就是由出家人担任宰相的制度。当时汉文的文献，比如当时两《唐书》里面都有记载，僧相有一个名称，就是“ban-de-chen-po”，汉文翻译成“钵阐布”，意为“大沙门”，他实际上掌握政权，所以这个时候就能看出来佛教的特殊人物在西藏具有决定性的主流的地位。墀德松赞死后，他有五个儿子，其中有的儿子早死，有的出家，当政的这位叫做墀祖德赞。

藏王名字的含义

藏王的名字里头经常有一个“德”（lde），有个“松”（srong），有个“墀”（khri），他们都不放弃这几个字，大概有重要的意义吧！

“墀”当然是指国王，是指藏王的王位，也可以解释成“大数目”、“万”。我曾经在四川省马尔康藏区呆过一年多，马尔康那地方人的名字很古怪。我从古文献上看到藏族人喜欢用大数，比方说禄东赞，“东”（stong）是“千”，藏王的“墀”是“万”，比这个大十倍，后来我在马尔康地区遇见一个藏族的朋友，问他的名字，叫“本本”，写下来是“vbum-vbum”，就是“十万乘十万”，更大了，可见藏人非常喜欢大数字。

那么“松”字呢，是一个“保护”的意思，保护他，或者是有这样一种愿望反映在里面的。

松赞干布的“赞”原来是一种惹不起的精灵

这个“赞”呢，就更厉害了。松赞干布有一个“赞”字，墀松德赞、墀德松赞、墀祖德赞、墀德祖赞都有个“赞”字。这个“赞”是什么意思呢？“赞”（btsan）是一种精灵，这是原来藏族当中自然崇拜的一个精灵，就是我们常说的“成精”了。这个“赞”什么地方都有，比方一棵大树年代久了，这棵大树就有“赞”了，就要对它特别尊敬；又比如一块石头，一块大的岩石，很突出，样子像个老虎或者熊，那它也是一个“精灵”，也是一个“赞”。大家念过六世达赖喇嘛仓央嘉措的诗，里面就有这样的句子，叫“klu-btsan-dmar-po”（音“鲁赞玛波”），意为“红色凶龙”。

我个人有过一次经历，上世纪50年代末，我在后藏日喀则地区工作，住在村子里。我这个人喜欢跟农民打交道，向他们学习民间的藏族文化、风俗、心理状态，包括他们的语言，我觉得学语言在农村最好。假如长期呆在拉萨、日喀则这些大城市里，就不同了，在大城市里，人们更愿意跟你讲汉语，因为他要锻炼他的汉语，他见面就讲汉语，我感觉有点失望，所以我喜欢在农村住。我住的那个村子离日喀则大概有二百公里的样子，拉孜县的，这个在路边上的自然村叫孜龙（rdzi-lung）。那天从孜龙翻山过去做调查，一位老农民陪我一起去，我们两人骑着马，快要走到山底下，要翻山了，他本来一路跟我聊天聊得很好的，忽然不说话了，我怎么问他也不开腔了。他向我摆摆手，意思是别说话。后来我看见他把帽子拿下来，马牵着走，不骑了。噢，前面是一块大岩石，岩石涂上红了。他走到那边，就两个手这样（作合十胸前状），他不敢背朝着它，一路退，绕过这岩石。我跟着他这样做。绕过这石头以后，走了很远，他回过头来说："好危险啊。"我说："什么事好危险啊？"他说："你不知道，这就是'赞'，你只能对它恭敬、敬礼、供养，必须伺候它，不能够得罪它，得罪它你就麻烦了。这个'赞'你能不怕？！'赞'的威力大得很呐，你跑到哪里也跑不脱的呀。"这个时候我才知道是怎么回事。

从那次起我就感觉到藏王的名字有一部分叫"赞"是独有的，如松赞干布、墀松德赞、墀德松赞等，这个"赞"代表最权威的力量，也许这个风俗来自古老的苯教的信仰，或者更原始的崇拜。

藏人有很多历史悠久的传统习俗，我们要好好向当地老乡学习，才能真正了解。

心爱的姑娘为何被比喻成“木头碗”

说实在的，我自己也很惭愧。初到藏区是上世纪50年代初，当时我学了一点藏语，但还不能表达意思。有一天有个晚会，在打麦场上，男女青年围在那儿唱啊、跳啊，藏族人很热情，他们高声唱歌，欢乐的气氛我感觉到了，但是他们唱的歌词我不懂，我就请一个藏族同学翻译一下，唱的是什么。他说，唱的是：“我心中的姑娘啊，你像一个木头碗多好啊。”我当时听了很失望，什么不好比呢？像我们一般都把一个姑娘比喻像月亮啊，像一朵花，或者像个小鸟啦，怎么也比木头碗好啊！他把心中的姑娘比作“phor-pa”，就是“木头碗”。藏族是一个茶、酒皆饮的民族，特别是茶，是每天生活的重要部分。他们喝茶是喝酥油茶。藏族每个人有自己的碗，所谓“父子不同碗”，有着很好的卫生习惯。他们请人吃饭，客人来了，到了家里，坐下来以后，马上把这个（碗）从怀里掏出来，放在面前，然后主人就倒茶给他。这个茶就是酥油茶，上面都有一层奶油，喝茶之前他都要吹一吹，把油吹到一边，然后再喝，主人马上又倒茶，他继续吹，到最后这个碗里半碗都是油，都是奶油啊，然后才抓进糌粑——就是我们说的炒面，搅起来，和弄和弄，或者稠一点，或者干脆和干了像面疙瘩一样——和成糌粑团。吃完以后，这个碗怎么处理？他会拿起碗来整个舔一下，因为上面有油啊，舍不得这个油，舔一舔。我看到这个景象以后，才恍然大悟，比喻一个心爱的姑

娘像个木头碗太棒了。为什么？因为他几乎每天打几次“kiss”。这时，我感觉到自己无知，感觉到惭愧，实在是我的生活圈子太小，局限性太大，所以对藏区无知，我需要好好学习。这个教训很深。

藏民绝不随地吐痰，怕招惹小精灵“帖布让”

藏族有一个比较好的习惯，就是讲卫生，不随地吐痰。我们的汉族到现在为止，还要提醒勿随地吐痰；而藏族不随地吐痰。他们每个人都有一方手绢，或者是布的，或者是氆氇的，吐痰的时候就吐在这里面，然后叠起来放在袖子里头。我在藏区跟藏族一个朋友说：“你们这个习惯真好，不随地吐痰，讲究卫生。”他说，你又不知道了，我们是害怕随地吐痰很危险，因为我们藏族民间有一种小精灵叫“帖布让（thib-rang）”，在四川省境内的甘孜、阿坝州也都有的，叫“桃让”，拉萨（方言中）称“帖布让”。这是什么东西呢？它是一个精灵，人是看不见它的，但它很厉害，虽然只有二尺多高，它的活动范围却很广。假如它在你身边，你一口痰吐到它的头上，那就麻烦了，它就会追你，你怎么也跑不掉，你跑到家，把门关起来，（它）还能从门缝里进来，进来就把你从床上扔到地下，把你的碗啊、铜勺啊、家伙啊，都弄乱。大的伤害没有，但它总制造很多麻烦。人们为了避免“帖布让”的麻烦，所以不随地吐痰。如果不深入学习，不向当地老百姓了解，就不可能得到这些知识。

此外，我看藏族同胞的名字有讲究。现在许多藏族同胞的名字就有时代感，如四川甘孜州的一个同学，在北大学哲学，他的名字叫“萨尔杰”，意思是“革命”，时代感很强，后来他出国念博士，去挪威奥斯陆大学进修了一年。

从王室来说，从墀松德赞赞普起，几代人都支持佛教，扶植佛教，推行佛教，让佛教大师来担任高级顾问工作，这样，不由得就引起了苯教徒的忌恨，至少是不痛快；而不信仰佛教的一部分贵族中就产生了暗流，想着如何能把当时社会的局面扭转，如何对佛教采取行动。这些行动经过了几次反复，最后一次，佛教失败了。

“亚洲最重要的一块碑”

墀祖德赞，《唐书》上记为“可黎可足”（khri-gtsug），是唐穆宗长庆元年（821年）和唐朝签订唐蕃会盟条约的藏王。这个会盟碑也叫“甥舅会盟碑”或“甥舅和盟碑”。第二年，就是长庆二年，又在青海立了一个同样的碑。穆宗长庆三年（823年），吐蕃彝泰赞普九年，这个碑就立在拉萨，现在这个碑还在。碑有四面，正面有汉文藏文对照，背面全部是藏文。按照这个推测，原来唐朝（一方）立的这个碑也大概是这样的，汉藏对照的在长安应该也有，背面的一面全是汉文，由唐朝来写。碑的两边是参加会盟的官员的名单，汉藏对照，连职官、姓氏都有记载。这个碑上记载，包括牛

唐蕃会盟碑

僧孺、郭鏦这些唐朝当时了不起的大人物都参加了（这次会盟），因此，它曾经被西方的学者们认为是“亚洲最重要的一块碑”。这个碑现在保存完整。我们中国老一辈的学者多人多次做过记录，好像有好几位驻藏大臣到西藏以后都拓过这个碑，因此在北京故宫——现在在历史博物馆——有个乾隆时代的拓本；中央民族大学有个光绪时代的拓本。在北京你们能见到这两种拓本。日本人大概根据乾隆拓本照了一个相，不全。后来在美国的中国语言学家，藏语、汉语都懂的大师李方桂先生对此作过深入研究，他在1956年发表过《唐蕃会盟碑》的研究，是用英文写的，到1987年他就完成了一本相关研究的大作，收入了会盟碑和其他碑刻的拓片，在台湾“中研院”史语所出版。

四川丹巴县顶果山雍仲林苯教寺（2005年）

关于墀祖德赞的去世，据记载他是被谋杀的。藏文史籍《贤者喜宴》里记载，说墀祖德赞嗜酒，喜欢痛饮葡萄酒——可见那时候西藏已经有葡萄酒了。有一天他在拉萨东边嘉玛地方——后来元朝时设嘉玛墀康（rgya-ma-khri-khang）——喝醉了酒，酣睡之中被反佛大臣拧断脖颈谋害了。

佛教和苯教的挫折

后来，朗达玛上台、灭佛，佛教在西藏受到了严重打击。但是近年来在敦煌发现了朗达玛的佛教祈愿辞，可能他也曾经是佛教徒，并不是苯教徒，不过受了政治影响而开始灭佛。

佛教受到重大挫折，但苯教似乎也没有发展，并没有重新占据主流。苯教后来去哪里了？我们研究这段历史的觉得很奇怪。苯教在佛教昌盛的时候就退居到远离藏族中心的地区，向汉藏边境上谋求出路，到现在为止，在川、甘、青这一带有很多的苯教势力和苯教学者、苯教的古迹。佛教有藏文的《大藏经》，苯教有苯教的《大藏经》，苯教的经典有许多版本保存在四川，后来，苯教的中心就转移到川、甘、青地带。

乾隆皇帝有十大武功，其中两次发生在金川，金川就是现在的嘉绒地区。大金川原来有苯教的寺庙，金川的土司、酋长是信仰苯教的，所以乾隆皇帝就用这个借口，说我们为了尊重格鲁派，推广格鲁派，所以不惜派兵攻打金川。实际上这是一次在错误的时间、错误的地点，针对错误的对象，发动的错误的战争。他用全国税收的总额来支援这次战争，从这次战争起，清朝国势走向下坡路。第一次打金川的时候，他没有想到在藏区会遇到这么强烈的抵抗、会遇到这么大的挫折。为了找替罪羊，他把两个司令官推上绝路，一个是杀头，一个是自杀。这次战争乾隆无疑是失败了，所以要了一个假面子草草结束。过了二十多年，他又发动第二次金川战争，仍然以消灭苯教为借口，起用阿桂，用步步为营的方法，打进金川后，把苯教的庙拆了，立即重修，改一个格鲁派的名字，自己对外面宣传，说是为了扶植格鲁派，消灭邪教。

这时候苯教当然受到了严重的挫折，但是在民间，到现在为止，在四川境内有很多苯教寺院，有很多苯教信徒，而且许多苯教的法师是很有学问的人。我前一阵子在北大哲学系讲课，后来有人告诉我，这个班上有甘、青、川藏族的法师和仁波切（上师），其中有三个是苯教徒，所以虽然我讲的是藏传佛教的历史，但是我特别小心，不敢乱讲。我作为一个汉人，研究藏族的宗教史，经常要保持中立（keep balance），不敢有任何的偏颇，以免惹起苯教徒的反感。

朗达玛掌权以后，严厉地打击佛教，佛教遭受了严重的挫折，历史上称为朗达玛灭佛。可是苯教并没有因此得到胜利，这很奇怪，所以，这一次运动实际上看来就是贵族内部的政治斗争，这个斗争是影响很大的。朗达玛最后又被一个叫拉隆白朵的佛教徒刺杀了。

四、佛教的复兴（后弘期佛教）

藏区分裂成两大派

朗达玛的统治结束后，吐蕃就失去了领导重心，整个藏区失去了领导重心。

朗达玛两个主要的妃子，大妃是那囊氏，没有生儿子，可是她收养了一个儿子；小妃是蔡邦氏，朗达玛死后刚生了一个遗腹子，家人怕大妃那囊氏来伤害他，每天点着灯来保护他，所以这个孩子的名字就叫斡松（vod-srung），——“斡松”就是“点着灯来保护他”的意思。大妃那囊氏收养的孩子叫永丹（yum-brtan），“永”就是母亲，“永丹”的意思就是“母亲支持”。大概先是在贵族里分成两派，后来，整个藏区就分裂成两大派。

斡松这一派，就是小妃这一派开始流亡，在中心藏区呆不住了，就来到阿里。阿里是个边陲地区，不是西藏的中心地带，那个地方有他生存的环境。阿里地区本来是一个诸侯地带，藏王斡松到那儿以后，经过几代人，他的后裔分布在三个地区：一个叫芒域，一个叫象雄，一个叫布让，三大块，所以叫阿里三围。

在东部卫藏地区，永丹一系人马也没有站住，因为在前、后藏这一带发生了一次奴隶起义，叫“vbangs-gyen-log”，或者说是“反上之变”，意思就是老百姓起来反对当地的统治者。这些人形成一支十分纷乱的队伍，流动性很大，破坏性很强，免不了破坏卫藏的生产和社会生活，山南琼结藏王墓就是那个时候被挖的。顺便要提一句，藏族人很聪明，只用两句话就能把一个地方的特点说出来。他们介绍山南的情况时，说：“yar-lung shing nags mang ba，vphyong-rgyas mi spud dag-po”，意思是“雅隆河谷森林多，琼结姑娘很漂亮”。藏王的后代永丹这一支就往甘、青一带走了，即青海省和现在的甘肃一带。

思想界漠然无主

佛教受到严重的挫折和打击以后，苯教徒也没有得势，因为苯教在当时没有寺庙，是家庭传承，可能他们继续维持家庭传承的传统，没有借这个机会建立寺庙，现有的苯教寺庙都是后建的。当时既然没有了佛教的法师们传教的活动，在整个卫藏地区就形成了一个思想界漠然无主、比较混乱的状况，大概长达一百多年。经过这次大震荡、大混乱，原来的藏王没有了，各地豪强势力各自为政，谁有本事谁是老大。这个影响达到什么程度呢？诸位不妨看一本书——《米拉日巴传》，米拉日巴是11世纪到12世纪之间藏族佛教界的一个很重要的领袖人物。他虽然不是出家人，是个在家人，但是他的成就非常大，各个教派的人都对他很崇拜。看了米拉日巴的传记就知道，米拉日巴的家庭祖祖辈辈都是信奉宁玛派，没有出过家，他投师玛尔巴，玛尔巴也是个在家人，他有太太，也是家庭传法。没有一个像样的寺庙能够组织有规模的、有系统的佛教学术活动，这是当时的实际情况。

这个时候，内地的政局发生了变化，唐朝结束了，接着是五代、宋。五代就是梁、唐、晋、汉、周这五代，一个一个朝代换得很快，走马灯一样，到宋朝统一了中国整个中部、东部和南部，北方还是由辽——契丹人、金——女真人、和西夏——党项人统治的，这些民族分别在北方建立政权。

而藏区经过混乱以后，藏族中有些领袖人物就和宋朝建立联系了，东部的李立遵、唃厮啰这些人，都是甘、青一带的领袖人物；在后藏特别是阿里地区还没有这样的联系。

藏族已经受到佛教很深的教育，有很好的基础，经过这次大动荡以后，在思想上，在社会上，在藏族人民群众中，都有一种正常的宗教生活要求。要求什么呢？要求恢复佛教的活动。这就为后来弘法提供了一个社会基础。在朗达玛灭佛以前，第一次佛教弘扬时期，叫做“前弘期”；在朗达玛以后经过一百多年的混乱，开始了“后弘期”。这时候有一些重要的人物出现，下面给大家介绍几个重要人物。

智光：为了寻求佛法，连王都不做了

智光，藏文的名字叫益西沃（yes-shes-vod），他是当地藏王的王子，斡松的第四代传人，即第四代孙子，住在象雄（zhang-zhung）地区，在那个地方做了地方小王。他是信仰佛教的，为了寻求佛法，连王都不做了，把王位让给他的侄子绛曲沃（byang-chud-vod，菩提光）。智光下了决心，发了誓愿：寻求佛法，去找佛教的大师，要在藏区恢复佛教。

"象雄"在哪里

智光大师的活动地区在象雄，请大家记住这个词儿——"象雄"（zhang-zhung）。2003年9月6日到12日，我们在英国牛津大学开第十届国际藏学会议时，其中就有一个专题专谈"象雄"，还放了一部电影，是尼泊尔学者和日本学者饭田先生合作的。象雄在哪里？长期以来聚讼纷纭，说不清楚。象雄是苯教的发祥地，苯教的文献里开头都这样写："象雄语怎么说怎么说，藏语怎么说怎么说"，苯教经典都说是从象雄地方来的。那么象雄应该有具体地点，应该有语言文字，应该有寺庙，应该有法师，可是谁也不能落实这些。他们的这部电影使我们看到，至少饭田先生和尼泊尔的学者们是这样指认的，认为在现在阿里的西部，在尼泊尔的境内，在那个边界上，——尼泊尔人和我们中国几乎没有边界的隔阂，来往很自由，——那个地方就叫象雄。现在我们暂且照他们的意见来看吧，这一地名在国际上是受到重视的。中国人注意到这个地名没有？早就注意了。在唐代就有记载，把它指认为"羊同"，有两个羊同，大羊同和小羊同。在语言上，"羊同"与这个"象雄"也能对上，"象雄"一词古人就用"羊同"来对音。除了其首府以外，还包括辖部的，就是大羊同；小羊同呢，可能就是狭义的。

阿底峡入藏

那时伊斯兰教在印度已经兴起来了，并逐步向东向北发展，佛教就受到了伊斯兰教的影响，很多佛教大师在印度呆不住，就往西藏来了。有一位佛教的大学者名字叫阿底峡（982～1054年），他的生活时代距朗达玛灭佛（约为842～846年）有一百多年。阿底峡按现在来说是孟加拉人，是个王子，萨霍尔王子，萨霍尔就是现在的“达卡”，他的本来名字叫“Dipamkarashrijināna”，我们翻译成“吉祥燃灯智”，这是他原来的名字。他是王子出家，佛法造诣很深，曾经担任过那烂陀寺堪布——那是印度最大的寺庙，就是玄奘法师、义净法师他们求学的地方，是当时世界上第一个佛教大学，他在那儿担任过住持，后因受到压迫就往西藏来了。

这时候智光大师知道他的名字，想去请他来，可是在路上他（智光）不幸被葛逻禄（gar-log）人俘虏了。葛逻禄人后来信仰伊斯兰教，是属于突厥系统的一个民族。俘虏了他以后一了解，原来是个藏王，葛逻禄人就马上通知象雄地方：你们的王爷被我们俘虏了，拿钱来赎吧。这就是绑票了。藏王绛曲沃听说他叔叔被人绑票，着急了，赶快筹钱，跟他们谈判，问要多少钱？对方说：这个人多重就要多重的黄金，跟他等量的黄金，一个人得七八十公斤吧，就要七八十公斤的黄金。绛曲沃就到处化缘，到处募捐，赶快把黄金筹集以后就送给葛逻禄人了，可是称了一下，还缺一个脑袋的分

托丁寺（托林寺）

量。葛逻禄人不答应放人，绛曲沃哭得不行，只有再想办法。智光大师就对绛曲沃说：你不要再为这事奔跑了，也没处找钱了，其实你赎我回去也没有用了，我的脉门已经被他们用火烧得残废了，我的智慧已经不行了，你拿这些黄金到尼泊尔、印度去请阿底峡吧。

绛曲沃于是派了代表去请，终于把阿底峡请来了。阿底峡接受邀请到西藏来，首先是到阿里，实际上是到托丁寺/托林寺（mtho-lding），当时阿里的一个寺庙。阿里这个地方原来就有佛教的力量，它是在边缘地区，朗达玛灭佛时期也未受到破坏。我收到一份观音碑的拓片，就是霍巍教授他们当年在那边佛教考古的收获之一。那个地区基本上没有受到西藏本部或者中心地区灭佛运动的大的波及，所以始终保持着佛教传统，这与斡松及其后人的努力也有关系。托丁寺，我们汉语把它翻译成托林寺也有道理，藏语“丁”（lding）是“盘旋”的意思，“d”不念的话就念“林”（ling），所以“托丁”念成“托林”也没有问题，但按照正字法应该念“托丁寺”。

大译师仁钦桑波

阿底峡到这个地方落脚后，跟藏王绛曲沃（菩提光）有一次很好的会谈。藏王就发愿，让他做弘法的工作。他是印度人，讲印地语或讲梵语（Sanscrit），当然需要个翻译。在阿里地区已经前后有几批去学习梵文的人，十几个人，刚好回来两位，其中一位叫仁钦桑波（958～1055年），人

仁钦桑波大译师（泥塑，西藏江孜白居寺）

称“大译师”——洛钦（lo-chen），洛匝哇钦波（lo-tsva-ba chen-po），他的年龄比阿底峡大。阿底峡到了托林寺，见到仁钦桑波以后，两人合作，阿底峡讲授，仁钦桑波翻译。阿底峡很是佩服仁钦桑波的翻译，心想：西藏有这样学问高深的大师，我其实没有必要来了。就在这个时候，他们又进一步谈到戒律问题，大概仁钦桑波长期脱离佛教中心行戒的教育，所以说出了一些不合乎戒律的话来。后来阿底峡感慨地说，看来我还是应该来，我要再度在藏区依戒律把佛法弘扬下去。

菩提就是一盏灯：讲戒律的《菩提道灯论》

阿底峡有一部重要著作，就是他给绛曲沃（菩提光）讲授、由仁钦桑波翻译的，叫《菩提道灯论》。菩提道就是解脱道；灯，就是指明灯，意思是说菩提是一盏灯。实际上是讲戒律，讲一个凡夫怎么样才能成佛，这么一个菩提道的历程。这本书篇幅很小，但对后来的藏传佛教影响非常大。后来的宗喀巴大师有本重要著作《菩提道次第广论》（lam-rim chen-mo），它的纲领性的宗旨就是从阿底峡这儿来的。后来格鲁派称为“新噶当派”也与这有关系。

阿底峡来到阿里藏区以后，做了很多事，本来想回去，但尼泊尔发生战争，他回不去了。西藏一位很有名的佛学家仲敦巴（vbrom-ston-pa），是在家人，也是一位大学者，在拉萨听说阿底峡已经被请到阿里来了，就想把这位大师请到前藏来。后来，阿底峡同意到卫藏地区来，首先到了拉萨，住在拉萨的郊外。现在哲蚌寺南边，有个小庙子叫卓玛拉康，离拉萨西南二十五公里，就是仲敦巴为阿底峡修的，他在那儿住了很长时间。

阿底峡的塑像：名字叫“像我”

（庙）修好以后，在里面塑了佛祖的像，塑佛祖的像用泥料很多，最后剩下一点点，工匠师傅说：“哎呀，扔掉可惜了，这样吧，阿底峡大师你在这，我给你塑个像。”这个人手巧得不得了，就利用这些剩余的材料塑起像来，塑好后就请阿底峡来看。阿底峡大师可能生理上有点毛病，他的头是向左歪着的，那个像也塑得向左边歪着头，阿底峡一看，就说：“啊，真像我！”所以这个像名字叫“像我（nga vdra ma）”。他用手指头摁了一下像的脑袋，泥没有干，一摁就留下一个指印，现在这个像还在卓玛拉康，进门就可以看到。这是阿底峡留下的一个遗迹。

西藏有很多梵文写本

阿底峡后来到了山南，到了桑耶寺，见到桑耶寺藏书中有很多梵文写本。当时藏人翻译佛经很努力，有很多书，其中有很多梵本就是印度的法师带来的，或者是藏族的法师到印度求学带回来的，梵文的贝叶经原本带回来很多。在桑耶寺，阿底峡随便从书架上抽出一本一看，哎呀，这就是他自己

阿底峡合金像

在印度多年想读而没有读到的，他非常惭愧，又非常兴奋，就马上整理衣服，把那本经书供在那里，低头下拜。这件事情说明，在西藏有相当数量的梵文贝叶经，到现在为止，也是全世界公认的，是我们藏族法师们从印度带回来的，或者印度的法师从印度带到西藏的，现在成为我们国家最宝贵的文化遗产之一，数量很大，全世界研究梵文的人都注意着它们。

王森先生对此做过研究。这批东西曾经于1959年转移一部分到北京，共二百六十六包，放在民族文化宫，用恒温的储藏室储藏着。民族文化宫图书馆请王森先生编目录，这个目录只有油印本，到现在也没有出版。后来在外边也有流传的，很多人就知道有这个目录，说有哪些书哪些书。其中有一个《妙法莲华经》的11世纪的梵文写本，是《妙法莲华经》最完备的写本。当然《妙法莲华经》的梵文原典有好几种，在吉尔吉特（Gilgilt）发现过，在尼泊尔境内也发现过，但是最完备的本子就是我们西藏的这一本。前一阵子收藏在民族文化宫，民族文化宫把它影印出版了，让研究的人能得到这个本子。另外又印了《瑜伽师地论 · 声闻地》，仅仅是其中一品，印出来以后，向全世界发行。在这一小批当中，就有这么宝贵的东西。

当年阿底峡大师能够在西藏看到他在印度已经见不到的、失传的译本、原来的写本，现在我们中国西藏地方仍然保存着。

第二讲

藏传佛教各教派

一、噶当派：强调戒律

阿底峡大师最重要的成就是在西藏提倡恢复戒律，这是后来建立的噶当派的一个主要特点。

阿底峡大师以为，在西藏不缺乏有学问的人，也不缺乏典籍，缺乏的是戒律。缺乏戒律，没有人实践，也不重视，在他和仁钦桑波的谈话当中就流露了这一点，因此他写了一本《菩提道灯论》，就是告诫西藏的人，一个凡夫如何才能修行成佛，实际上强调的是戒律。这是他的一个经典著作，对藏区的影响很大，特别是对于后来的格鲁派——是持戒比较谨严的一个教派——影响很大。

“第二佛陀”阿底峡

格鲁派能够在藏区发展那么快，甚至于到了清代的时候，格鲁派掌握了藏区政权，达赖喇嘛、班禅喇嘛两大喇嘛系统能够在藏区掌权的重要原因，就是得到了朝廷的支持，还有就是因为获得了人民的信仰。要获得信仰，首先得群众尊重你，因为你是戒律谨严的出家人。“守戒”这一点是阿底峡大师对藏区的一种建设，后来有人称阿底峡大师为“第二佛陀”（Shava-kya-mu-ne gnyis-pa）。他做了很多好事，对西藏作了很多贡献，最后在西藏圆寂了，留下了一些遗迹。

大概在1978年，孟加拉国刚从巴基斯坦独立出来不久，要寻找它的文化历史名人，要找阿底峡的事迹，于是到中国来，请求中国提供阿底峡的文物、史料、纪念品，那时候我参与了一次。后来他们退职的副总理到西藏来了，拍了一些照片，迎取了一些阿底峡的遗物。可见，他在国际交往上也是很重要的一个人物。

阿底峡来西藏以后，他的大弟子仲敦巴（vbrom-ston-pa）是在家人，是什么地方的人呢？拉萨东郊的纳金水电站往北有个邦敦村，这个地名很有意思，是历史地名。“邦敦”应该写成“vbrom-ston”，但“ra”这个下加字母脱落了，像“卓巴”（vbrog-pa），牧区的牧人、拉萨人经常念成“博巴”，下加字母“ra”也不念了；拉萨东城有个“八那雪”，其实按藏文写应该叫“扎那雪”（sbra-nag-zhol），“扎”（sbra）的“ra”也不念了，叫“八那雪”。“邦敦”，就是仲敦巴的老家。他邀请了阿底峡，一切费用都是他出的，筹备了一切，请阿底峡到拉萨，到山南，整个是他安排的。在阿底峡生前建立了一个庙：热振寺，——是拉萨北边林周县的一个很有名的噶

仲敦巴（清，布画唐卡，布达拉宫藏）

当派的庙，热振寺和后来的格鲁派寺庙是一致的。宗喀巴大师称呼自己建立的教派为“格鲁派”，也叫新噶当派，实际也是奉行噶当派的戒律。

“用鼻血画的佛像”

阿底峡大师于1054年圆寂了。圆寂以前，因为流鼻血，流得很厉害，他就用一块布接住，接了以后，他用小指头蘸着鼻血画了一幅释迦牟尼像做成唐卡，这个唐卡叫做“香察估唐”（shangs-khrag-sku-thang），意思就是“用鼻血画的佛像”，“香”（shangs）就是“鼻子”，是藏语里面恭敬的话，对阿底峡这样的大师用的是敬语。这个佛像成为热振寺的镇寺之宝，后来他们带到印度去了，这个是有记载的。

阿底峡大师对藏传佛教的贡献实在了不起，不应该忘记。现在有一本书，我看过英文本，是印度人写的，叫《阿底峡和西藏》（*Atisa and Tibet*），它里面就有我刚才讲的这些史料。

二、萨迦派：带来重大转折，建立了和朝廷的新关系

萨迦派对藏传佛教来说极其重要，对藏族社会起了关键性的转折，因为长期混乱的局面在萨迦人的手里得到了扭转，萨迦人建立了和朝廷的新关系，达到了新的境界。

“萨迦”（Sa-skya）的意思是“灰白土”，“skya”是一种灰白的颜色；“sa”，是“土”。萨迦寺建寺的地方有个特点，它后边山上有一片白土，萨迦派认为那是吉祥物，有的说是像个白海螺，所以选择这个地点建庙。

萨迦人的佛教因缘

萨迦派认为他们的传承可以追溯到前弘期，藏王墀松德赞选择七个人出家，其中有一个就是萨迦的祖先，叫做“昆·鲁益坚赞”（vkhon kluvi-rgyal-mtshan）。萨迦人姓“vkhon”，《元史》把它翻译成“款”，这就是他们的姓氏。在当时选择贵族子弟出家是吐蕃王朝的政策，只有贵族才有资格学佛。在这种情况下他们家族早有人出了家，早就有佛教渊源，有因缘了。后来，在他们家庭里面其实坚持的是宁玛派，没有别的教派。朗达玛灭佛以后，在家庭里面自己传教、自立规章、自度自传，这是一个很特殊的事例，所以当佛教在政治上受到迫害、打击的时候，公开活动不方便了，只能转入地下，而地下最能保持严密的是家庭传教（家庭传法），一代一代，父子、兄弟相传，传了下来。萨迦派最早的传人也是这样的。

萨迦派“宝王”

在萨迦派家庭传法中有一位法师，名叫衮却杰布（dkon-mchog-rgyal-po，1034～1102年），“宝王”，他名字中的“宝”是什么意思？意思是

“稀有”，难得而少见的尊“宝”，佛、法、僧三者均有的稀有的宝贝。藏族有时候起誓，说“dkon-mchog gsum”（三宝作证），就好像我们说“老天爷知道、老天爷在上”的意思，“dkon-mchog gsum”就是“三宝”——佛、法、僧。他随着父兄学佛教，后来跟着卓弥大译师等人学习新译密法。

卓弥大译师和“道果教授”

卓弥大译师释迦耶协（994～1078年）曾三赴印度，广拜论师，遍学密法，回到西藏后，翻译了很多显密经典，同时也弘扬印度的密法，门徒很多，名声很大。在他所弘传的密法中，最重要的就是无上瑜伽部的“道果”法。

从卓弥大译师那儿，萨迦派得到一个重要的教法，叫做“道果教授”（lam-vbras），“lam”，指“道路”；“vbras”，指“果，果实”。“lam-vbras”是萨迦派不向外传的、就在庙内相传的密法，这个也像《菩提道灯论》中提到的从凡夫如何成佛的道路，但是它里面包括修密，修密的道路是萨迦派的一个很重要的法门，萨迦派的人到寺里就学这个法，不外传。这成为它的一个特点。随后萨迦派的名声就起来了。

“父亲是大师，儿子也是大师”

他们整个家族从雅鲁藏布江的北面迁到雅鲁藏布江的南面萨迦地方，

萨迦北寺遗址（2006年）

建立寺院弘法。在它附近的叫夏曲（zhab-chu）的地方——在日喀则西几十公里处吧，是个很了不起的地方，布顿大师就是在那里出生的，夏卜几町（zhab-skyes-gding）那个村子就是布顿大师的家乡。为什么叫布顿（bu-ston）呢？“bu”就是“儿子”，“ston”就是“大师”，原来布顿的父亲也是大师，所以称“pha-ston，bu-ston”，意思是“父亲是大师，儿子也是大师”，两代大师，所以儿子叫布顿仁波切。布顿是第一次《大藏经·甘珠尔》汇编结集时的总校对，13世纪时藏文《大藏经》编纂的时候他也是总校对。他的家乡就在夏曲，就在萨迦辖境内，所以布顿和萨迦的关系也很密切。

现在接着说衮却杰布，他为萨迦派建立了“道果教授”，成为本派专门密法，成为这个教派的一个特点。当时宣传什么？佛教徒寻求的是解脱，就是摆脱世间的烦恼，最后求得一个归宿。那么这个世间的烦恼怎么摆脱，也就是从一个凡夫怎么样通过一个学法的途径，能够达到成佛的道路。这个道路包括一些密法，通过密典修行达到最高境界。这个教派的一个特点就是把“道果教授”带出来了。这是和噶当派等其他派不同的地方。

萨迦五祖

衮却杰布的儿子叫贡噶宁波，住持萨迦寺，被称为“萨迦初祖”。贡噶宁波有好几个儿子，其中第二个儿子叫索南孜莫（1142～1182年），是萨迦二祖。这两个人表现一般，我们现在看《萨迦五祖集》里面他们没有特殊的贡献。第三位叫扎巴坚赞（1147～1216年），这位可了不起了，是大学者，他有西藏历史的著作，有因明的著作，有语言学的著作，还有密法（密教）的著作，扎巴坚赞和二祖是弟兄，兄弟传承。先是他父亲传给他哥哥，哥哥再传给他。这个人对于萨迦派的贡献了不起，《萨迦世系史》（藏、汉文）

萨班 · 贡嘎坚赞（民国，织锦唐卡，扎什伦布寺藏）

中有详细的记载——这本书在北京民族出版社出版过。

第四祖是第三祖的侄子，世人称呼他为萨迦班智达·贡噶坚赞（Sa-pan kun-dgav-rgyal-mtshan，1182～1251年），这是萨迦派中最重要的人物。

前面说过，他们所处的时代，藏族社会比较混乱，自从朗达玛灭佛以后，阿底峡建噶当派，开始有了一些寺庙；后来萨迦派自己盖了一个庙，然后弘法，各地占山为王，谁有力量谁就是王，但是互相不统属。很多事情可以证明这一点。当时没有统一管理整个藏区的机构，藏区社会是分裂的。就在这个时候，在内地经过了五代、宋朝，而北方有辽、金和西夏并立，后来蒙古人在北方兴起，消灭了辽，消灭了金，消灭了西夏，再后来又消灭了南宋，统一了中国，建立了元朝。在这个过程当中，他们没有忘记西藏。在消灭西夏之前，蒙古的汗王窝阔台把西藏地方划归他的王子阔端的名下，“西藏归你管，西藏成为你的封地”，当时阔端的牙帐在凉州（今武威），西藏那么大一块儿地划给他，他当然很高兴了，就派人先到西藏进行调查。

这之前蒙古人先有军队到过西藏，把杰拉康那座古庙烧了，这是那囊氏的“尚”（zhang，戚臣，母系的亲贵大臣）多吉旺秋修的，是吐蕃王朝最后期修的庙。据记载，蒙古人在这里杀了五百个出家人，这么大的惨案，震动很大，整个藏区简直是谈虎色变。蒙古兵在当年震慑了整个亚洲，他们往西一直打到莫斯科、布达佩斯，当然，最后蒙古大帝国一垮，蒙古士兵流落到中亚各地了。

蒙藏合作

阔端派大将朵那带兵到西藏调查一圈回来汇报，问："西藏怎么样呢，能争取西藏人跟我们合作吗？""讲宗教的信仰啊，当数噶当派修养最好，宗教的造诣很深；要讲到占有的地方面积的话，止贡派占地最广；但是真正得到人望，在西藏受到了各地领袖支持的，还是萨迦班智达，他是大、小五明都精通的。"

藏族的学术有个学科分类法，是按照佛教分类的，有大五明、小五明，"明"就是"学问"，是"知识"，比方说，因明就是逻辑学，声明就是梵语学，内明就是佛学，工巧明就是现在的绘画等技艺，医方明就是医学，这是大五明；小五明就是诗词、韵律、舞蹈、藻语和计算。大五明、小五明都会的就是"班智达"，"博士"在藏文里的翻译就是"班智达"。藏区的班智达他是第一人，所以他的名字叫萨迦班智达·贡噶坚赞贝桑波，他的名字后面有个尊号叫做"贝桑波"（dpal-bzang-po），意思就是"吉祥贤"，也是第一人。

元代蒙古人做了很多事情。中国的边疆少数民族总有个希望，慢慢地壮大，以后作为全中国的主人，实现"问鼎九州，逐鹿中原"，有的成功了，有的没有成功。蒙古人是成功的，从成吉思汗到忽必烈，成功地统一了整个中国。忽必烈统一中国以后，在文化上做了许多重要事情，曾集中了一批各民族的佛教学者，懂汉文、懂藏文、懂梵文的，进行了一次汉藏文佛经（《大藏经》）对勘，这次对勘工作留下了一个目录，叫《至元法宝勘同录》，“至元”是元世祖忽必烈的年号，“法宝”就是佛经。这是个很了不起的工作，是蒙古人在文化上作的贡献之一。

蒙古人的国策决定了他要和西藏人合作。蒙古人原来信仰的是萨满教，萨满教是个带有原始性的宗教，没有具有思辨性质的、讲出人生道路的思想，它是拜神、治病、打鬼、跳神，属于巫占这样的东西。蒙古人感觉到藏传佛教和内地佛教比起来，更容易接受，而且很愿意和藏族合作，因为蒙藏合作对于他统治全中国更有利。

在忽必烈掌权称帝之前，阔端王就对萨迦班智达说：“班智达，你很了不起，我们合作吧！”班智达去凉州时已六十三岁，从后藏（萨迦）出发，经过拉萨的时候带上了他的两个侄子——十岁的八思巴和七岁的恰那多吉——在大昭寺受沙弥戒，带着他们到蒙古去，这很清楚，是把两个孩子带去做人质，表示真心归顺了，蒙古兵不要再到西藏来了，我把我的两个侄子都带来了，就是这个意思。然后他一路到了凉州。当时窝阔台驾崩，按蒙古人的规矩，大汗死后，宗室汗王要进行选举，选新的大汗。阔端当时去参加选举了，不在凉州。最后选的是蒙哥（就是宪宗）。阔端回到凉州以后和班智达见面了，很高兴地说：“你真是了不起呀，你来了我很高兴，现在我委托你向西藏人发一封信。这封信，你就说你来这里的感受怎么样，我们蒙古的情况你也清楚，我的军队、我的兵力你都清楚，我们的计划你也清楚。过去跟我们作对的畏兀儿、西夏人等等，他们的下场你也清楚，你写封信吧。”班智达就如实地写了。这封信后来收在班智达的文集里面。

在上世纪50年代的时候我把这封信翻译出来，发表在南京大学历史系的《元史及北方民族史集刊》上，信的名称叫做“致说藏语的各地高僧大德领袖人物的公开信”。他就讲：汗王（阔端王）怎么厉害，他对各个民族来归顺的人待遇如何不同，对我如何好，对我们西藏人如何好，现在我从整个形势看，我们没有别的选择，只有归顺。为了避免生灵涂炭，我的两个侄子也来了，汗王说：“你的两个侄子，一个（八思巴）叫他继续学习藏文，继续学藏传佛教，接你的班；另外一个（恰那多吉）叫他学蒙古文，学蒙古语，跟我们合作干事。”后来，恰那多吉成了驸马，一位公主嫁给了他。

萨迦班智达这封信发出去以后，影响很大，西藏人就开始跟阔端王合作了。后来几乎同一年，先是阔端王爷，后是萨迦班智达，两个人都去世了。

萨迦班智达和王爷一死，蒙古朝廷（宪宗）就把西藏封给他的弟弟忽必烈掌管。忽必烈带兵经过六盘山南征打到云南去，绕了一大圈，就在去六盘山的路上，在风沙大漠之中，想召见萨迦班智达，可是萨迦班智达已经不在了。“不在了，那谁在？”“他的侄子八思巴在，十五岁了。”“好，就召八思巴来。”八思巴来了，忽必烈见到他后非常高兴。后来忽必烈登基，成为元朝第一个皇帝，藏族管他叫“薛禅皇帝”（ser-chen rgyal-po）。八思

八思巴拜见忽必烈（清，扎什伦布寺壁画）

巴被封为国师，是国家的宗教顾问，后又晋级为帝师，是皇帝的老师，地位很高。忽必烈对八思巴说：委托你萨迦人，委托你管理西藏地方。这样就在朝廷里，在六部之外单独设一个机构叫宣政院。宣政院管什么？管两件事：一、天下释教，就是全国佛教事宜归你管；第二、吐蕃地区，就是藏区军政事务归你管。

萨迦人干的三件大事

八思巴答应了，回来以后，他觉得这个位置分量很重，就依照各地实际势力，把整个西藏划分为十三个万户，设了十三个万户府，万户长由萨迦人推荐，由皇帝任命。一共十三个万户，前藏六个，后藏六个，前后藏当中羊卓雍湖一个。现在西藏有些地名里还保存着这个痕迹，像嘉玛赤康（rgya-ma khri-khang），“赤康”（khri-khang）就是“万户府”。嘉玛万户就在拉萨东郊一百公里，在去甘丹寺的路上，公路一转弯的那个地方；蔡巴万户，止贡万户，都是当时的实力派。萨迦人根据当时各地的力量，权衡以后报告皇帝，由皇帝任命。这就是萨迦人干的第一件事情，报请设立万户府。

第二件事是修驿道，那时朝廷要求从大都到西藏，沿途每六十里设一个驿站。这个驿站平时干什么呢？供应来往送信的人，有马匹等着，假如朝廷里有事派人下来了，来了以后，立刻就换马，过了六十里到了下一站，再换马，马换了，人继续往前走。朝廷要听到西藏的信息，这在当时是最快的方法。

第三件事是调查户口。

这三件大事，就是在八思巴手里完成的。从此，萨迦派得到朝廷特别的信任和荣宠。

大灵岩寺的汉藏文碑

元代时山东泰安长清县有个大灵岩寺，这个庙很有名，在北魏时就是有名的庙了，一直保留下来，宋代时也很有名，尤其是雕塑中的十八罗汉很有特色。这个庙很奇怪，它有个元朝时候的汉藏文碑。1980年前后我去看了，碑上面是藏文，下面是汉文，是藏汉对照的一个碑。这个碑叫“国师管着儿坚赞法旨碑”，喇嘛发的命令叫法旨。为什么用藏文？当时是可以唬人的啦，当地人不认识，“你看有洋文呢，这个碑厉害”。蒙古文，西藏文，老百姓也分不清楚，那么这个法旨就立在这儿，保护这个寺庙。这个碑上说：这个寺庙是很了不起的，经常为皇上念经，能保佑我们国家国泰民安，它所有的田产、土地、澡堂子、渡口、当铺（看来这个寺庙经营的面很广）都要受到保护的。你们所有的人，来往的使者，来往的军队，来往的官员，不要讹诈他们，如果你们讹诈滋扰了他们，难道你们不怕他们告到我这里来吗？“难道你不怕吗？”是用威胁的口吻啊。管着儿坚赞就是萨迦派的、在朝廷任职国师的官员。

元朝萨迦人在北京的居住地

当时萨迦人在北京有几种人：传教的、做官的、旅游的、经商的，他们居住的地方在哪里呢？住在“大护国仁王寺”，也是这个碑上提供给我们

的信息，碑最后写道，“国师管着儿坚赞在大都高粱河大护国仁王寺有时分写来”。“大都”就是北京了；“高粱河”就是国家图书馆南边的那条河；“在大护国仁王寺有时分写来”，说明这位国师就住在这儿。为什么住在这儿？大护国仁王寺是当时的官寺，是皇帝的家庙。这个庙曾经设过大总管府，有十万亩地，是个大庙，当时西藏人就住在这儿。根据供应他们的肉、油、面的数字统计，西藏人经常保持四五百人在这儿，这是推算出来的。由此看来，可能这儿就是宣政院衙门所在地。

藏区无密宗，所有宗派都修密

当佛教传入藏区时，正是密教在印度流行的时期，所以在藏区传播的佛教里面有很多密教的东西，这是在我们内地佛教里、至少在唐代以后就很少再见到的，这个有它的各种原因。密教的思想、观念、仪轨以及经典，在内地唐代以后就逐渐消失，在内地所传的密教被日本的留学僧，比如说最有名的空海大师，传到日本去了，被称为“东密”。“东密”就是从唐朝密宗传过来的。藏区所传的密法是直接从印度传进来的，所以后来的佛教徒习惯把藏区的密法称为“西密”，或“藏密”。

关于密宗的教法、仪轨、经典及其崇拜和一些特殊的教义，我们这里没办法讨论了，仅仅说一点，就是后来的藏区，在藏传佛教复兴以后的几个教派，都是修密的。比方前面介绍的噶当派、萨迦派，以及后面还要介绍的宁玛派、噶举派、格鲁派，噶当派和格鲁派算是一个宗，格鲁派叫“新噶当派”，这是四个大的教派，还有一些小的教派比如觉囊派、希解派等。一直到现在，藏区所有的教派都有密教的修行仪式或者修行时的崇拜本尊等等，但没有一个叫密宗的宗派。而在我们汉地佛教里面，有净土、禅宗、天台、华严等十个宗派，其中有一个宗派叫做密宗，专修秘密佛教。藏区不一样，据我所知，藏区每一个宗派都修密法，但单单专修密法的宗派则没有。

藏区修密有一个最根本的要求：先学显教，后学密教，由显入密，先显后密。什么叫显教？显教，就是能够公开、能够说透的符合佛法的最基本的理论，像我们熟悉的《心经》、《金刚经》、《妙法莲华经》、《阿弥陀经》、《华严经》，这些根本经典都属于显教的范围。早期释迦牟尼所传播的教义、被弟子们结集而成的经典，就叫做显教。藏区的佛教都是要求首先学习显教，在显教的基础上才能够学习密教，密法并不是一进了寺庙后就能够进行学习的或者进行修炼的。显教在藏语里叫做“夺”（mdo），密教叫做“阿”（sngags），“夺”和“阿”合成为藏传佛教相衔接的两大部分。

为什么先要介绍萨迦派

按道理说应该先要介绍宁玛派，但为什么先要介绍萨迦派？是为了给大家提醒一个情况，藏区社会历史上发生重大转折就发生在萨迦派发展时期，因为藏族社会在一百多年的长期混乱时期没有形成一个核心力量，社

会是动荡的，人民生活是不安定的，处于一种混乱的局面。在这个时候佛教起了一些作用，能维系一方的平安。萨迦人就在这个时期起了作用。由于萨迦班智达的高瞻远瞩，使藏区获得了一个喘息的机会。萨迦班智达以六十三岁高龄来到内地，七十岁时去世，他的遗骨葬在凉州一个叫白塔寺的塔里，至今还在。

八思巴，实际上我们用藏语叫他“帕巴”（vphags-pa），“帕巴”就是“圣者”的意思，他的名字帕巴·洛追坚赞，意思就是“圣慧幢”。他代表藏族佛教界和元朝统治者进行合作，这一次合作是成功的，朝廷给西藏许多优厚条件，把整个藏区交给萨迦派管理，包括现在的甘、青、川藏区；在中央设立宣政院管理全国佛教，宣政院院使——就是它的领导人由八思巴推荐，由皇帝任命。后来皇上又封八思巴为“大元帝师”。

萨迦派影响深远，到现在为止在藏区也很有影响。

三、宁玛派：家庭传教，指导一个人的死亡

莲花生大师的贡献：增加了护法神系列

宁玛（rnying-ma），本来是“古老、古旧”的意思。这个教派标榜自己是莲花生大师在吐蕃时期建立的，以桑耶寺为标志的时期就已经存在，奉行的就是古老的教法，所以自称“宁玛派”。这个派的教主，藏语叫“洛本

白玛迥乃”，就是莲花生大师。关于这位大师，有很多神话，有本《莲花生大师传》，把这位大师的事迹说得非常神，许多神话故事今天是没法取得证明的。我们现在可以知道的是，这位大师是确有其人的。这位大师对藏传佛教有什么贡献呢？藏区原来有些群众或者某些贵族对佛教有所抵制，上次我介绍过本地有很多民间信仰：山有山神，水有水神，河有河神，乃至一块岩石、一棵树都可以有神灵，这是原来在早期苯教的教义中有的。——我们不讲现在的苯教，现在的苯教向佛教靠拢，现在苯教的经典有很多与佛教是相同的，至少可以说是向佛教学习，也讲究凡夫走向解脱的道路，所以现在的苯教已经不一样了。原来信仰苯教的人认为佛教离我们太远了，佛教的菩萨都不认识，他用他的智慧和神通力说服了群众。

早期的苯教

这里有一本书向大家推荐一下，民族出版社出版的《苯教史——嘉言宝藏》（legs bshad rin po chevi gter mdzod），讲的是苯教早期的历史，现在还没有汉文全译本。这一部分是从英文转译的，四川松潘人噶尔美·桑木旦坚赞，他把书的藏文翻译成英文，纳入“牛津大学佛教丛书”第十九种，假如我们有条件可以查一下，网上有。他把这一部分译成英文作为硕士论文，我又从英文转译成汉文的，发表在《国外藏学研究译文集》第一、二、三期上。前面三段他没有译，他说前面是另外一本书叫《光荣》（gzi-brjid），有

英文本，所以就把它裁掉了，因此我只能根据他这个第四章译起，不全。假如我们在座有人有兴趣，读这本书可以了解早期的苯教的情况。早期苯教和现在的苯教有很大的不同。

宁玛派的人认为莲花生大师的贡献在于，使佛教在藏族地区生了根，得到王室的支持，逐渐在藏区取得主宰地位。后来佛教又受到严重挫折，朗达玛灭佛的那段时期，佛教徒转成了家庭传授。可以说，朗达玛打击的重点是受政府支持的佛教寺院里的出家人。当时吐蕃朝廷里有“钵阐布”（bande-chen-po）这一官职，是藏王的老师，同时担任僧相。如娘·定埃增，他以僧相的身份保护佛教，几次文告里都提到：“我们决不能反对佛教，不能以做梦、打卦、预言等各种形式来反对佛教。”这说明当时有人用这种办法来反对佛教；“给佛教的土地、奴隶等资产绝不能减少”，这就说明当时藏王给佛教很多经济上的帮助，因此遭到以苯教徒为代表的一些老贵族的反对。在这样的情况下，莲花生大师以他的智慧使藏区老百姓接受了佛教，其中最聪明的办法，就是把苯教里面崇拜的神吸收到佛教里面来，增加一个神的系列叫做“护法神”——“却迥”（chos-skyongs），这个护法神是没有定额的，不能说有多少人就满额了，可以随时增加；护法呢，就是只要你信仰佛教、支持佛教，那么你就可以成为护法。这样，本地的原始崇拜统统成为佛教的了，所以我们现在看，藏区的好多神灵和我们内地不一样，和汉传佛教的菩萨崇拜不一样。

《西藏的神灵和鬼怪》

有一本书，我给大家推荐一下，你们可以看一看，是奥地利的藏学家内贝斯基写的，汉文译成《西藏的神灵和鬼怪》，原文是英文（*Oracles and Demons of Tibet*）。当年我在维也纳大学教书，每天上课经过演讲厅的时候都看到那些过去的教师们的肖像，其中有一位挺年轻的，后来他们系主任告诉我，他就是内贝斯基。可惜啊，很年轻，四十多岁就死了，他想到西藏去也没有去成。他的书是在印度的大吉岭做调查时搜集的资料，可能接触到一些锡金藏族人，然后做调查写出来的。这本书系主任送了我一本，我看完以后觉得很好，是用比较宗教学的方法研究藏族的鬼神崇拜的。我回来以后就跟我的学生谢继胜说，作为你念硕士期间的作业吧，把这个翻译出来。他逐段翻译了，《国外藏学研究译文集》——现在已经出到第十八期了，这个刊物得到西藏人民出版社的支持，他们愿意印这个刊物——连续几期把这本书的译文都登出来了。谢继胜很努力，把它的全文都翻出来了，西藏人民出版社给他出了书，现在已经印到第三版。看看这本书，就知道内贝斯基很细心，比方西藏的山神崇拜，雅拉香波山和四大神山都有地盘的。仔细想一想，佛教传入我们内地以后也是这样，观音菩萨的地盘在普陀山，文殊菩萨在五台山，地藏王菩萨在九华山，普贤菩萨在峨眉山。西藏的鬼怪神灵都有领地，这本书里大家可以看到。用比较宗教学的办法可以帮助我们理解，人

民的信仰崇拜是怎么来的，怎样受到群众的拥护，这和人们的习惯心理和认知很有关系。

宁玛派独传：指导一个人的死亡

宁玛派有个新的贡献，是宁玛派这一派独传的，叫《中阴听闻救度经》（bar-do-thos-grol）。“中阴”就是人死了以后，灵魂离开这个人的身体，七七四十九天，这个人的灵魂在中阴期间，下一步往哪走，就看这个人的因果，看这个人作的什么业。这个人做了好事就该得到好的报应，向好的方向发展，到上三道，或者成为一个天神，或者成为阿修罗，或者成为人。假如做了坏事，那一切的恶果都由这个人自己承担、自己负责，——因果在佛教里是最基本的规律，这个人往哪里去就要看这个人做的坏事到什么程度，或者要到地狱；或者成为畜生，变牛变马变鱼变鸡；或者成为饿鬼，饿鬼就可怕了，肚子特别大，饥饿得厉害，脖子像丝线一样细，吃任何东西根本就进不了嘴，一进嘴就成了火炭一样的东西，这就是下三道。上三道、下三道，总称“六道轮回”。宁玛派的导师就根据宁玛派的经典，指导这个人在“中阴”——就是这七七四十九天中间所要走的道路，然后“听闻”——就是这个人听到后得到解脱。这本书是宁玛派特有的。

人死后请喇嘛来念经，喇嘛知道这个人的灵魂已经离开躯体了，他就告诉死者的灵魂：“你走啊，你往前走，往前走，前面见到光明，你走到路上，看见一个像峡谷一样的深谷，再往前走，你听到像雷一样的轰鸣，你不要怕，再往前走，然后你看见什么东西，应该采取什么行动”等等，一天一天指导你，那就是指导你死亡。这个是很了不起的，藏传佛教近几十年来在国外得分，就靠这个经。

最近索甲仁波切写了一本书叫《西藏生死书》，他这本书很有名，不知有人看过没有，有汉文本了，他是用英文写的，因为他在英国留学嘛。他是钦则仁波切的外甥，他们家有宁玛派的传统。

宁玛派的“宁玛”就是“古老”，我们一般人认为古老就是守旧，守旧就是落后，这是不对的。他们认为古老就有潜力，有古老的传统，就有深厚的教义。宁玛派想，萨迦派、噶举派他们都可以成一个派，我们为什么不可以成一个派？宁玛派本来是家庭传授，后来有一个牵头的人叫素尔波切，姓素尔，出于素尔家族，是个宁玛派的教师，他就站出来说我们也建立一个派，就叫宁玛派。通过素尔波切和他的儿子、养子等后代逐渐就形成了宁玛派。宁玛派传播得很广，因为它有社会基础，在朗达玛灭佛以后，社会上基本上就是奉行家庭传教，很多名人都是宁玛派出身的，比如说米拉日巴，噶举派的祖师爷，他家里本来是宁玛派的。

宁玛派的寺庙和“大圆满教法”

当素尔波切建立宁玛派的时候，有很多人响应，但它不修大庙，继续维持家庭传教的传统，分布很广。他们也建寺庙，在西藏有两座较大的庙（在宁玛派里头，所谓大庙者，有几十个人、上百个人，就叫大庙了），其中一座叫敏竹林寺，在山南扎囊县，那是很了不起的一所学校，它有文化的训练，进行藏族的五明之学的学习。这座寺庙中进行宁玛派的传授。清朝初年，敏竹林寺出了一个达玛师利仁波切，是一个很了不起的大学者，颇罗鼐这样的藏王都是他的学生。江北面有一座寺庙叫多吉扎，也是宁玛派的。西藏宁玛派的庙子很多，名气稍微大一点的就只有这两座。可是在四川省

敏竹林寺全景

甘孜州的宁玛派寺庙就多了，其中有一座叫佐钦寺，藏语“佐钦”（rdzogs-chen）翻译成汉语叫做“大圆满教法”，“佐钦”就是宁玛派教法里面最根本的教法。在康区很有名的八邦寺，也有一半是宁玛派。

宁玛派的几位活佛

现代有一位活佛，宁玛派和噶举派两派都承认他的，叫南喀诺布·洛代仁波切，后来他到意大利，一直在那里帮助一位藏学家、《西藏画卷》的作者G·图齐先生做研究。图齐把他接到意大利，他在意大利设了一个大圆满教法中心，目前全力研究苯教，他认为苯教和宁玛派有很多互动的关系，——从文献上看确是如此。他那个大圆满教法中心搜集了苯教的很多书籍，包括敦煌的写本和各地的抄本，这位先生也尽力研究宁玛派和噶举派两个教派以及苯教。我们国内的一位苯教家庭的很有成就的青年人去那里学习了意大利文和法文，从事苯教研究。

康区有很多宁玛派寺庙，“打箭炉”——就是康定，也有个寺庙叫多吉扎。这个寺庙里的布楚仁波切，我在哈佛大学里见过他，他回国后担任了中国藏学中心的藏文《大藏经》对勘局办公室主任，他对佛教经书很精熟。

总之，这个教派影响很大，不能忽视。我们刚才说了，宁玛派中的一个法本拿出来，全世界都震惊了，指导一个人的死亡谁敢说，宁玛派就敢，它就有这样的老师来指导一个人死亡。至于这条路究竟对不对，没有一个人死了又回来的，没有人来说你说的对与不对，所以宁玛派这本经典有独到的见解。宁玛派在西方社会有三次引起注意，上个世纪40年代后期一次，60年代一次，最近（本世纪初）一次。最近这一次就是因为索甲仁波切的《西藏生死书》这本书引起的。宁玛派的法师们在海外很受重视，大家认为他们有特异的功能。

诺那仁波切于上世纪20年代到30年代的十多年在成都、重庆、南京、杭州、上海一路弘法，这位宁玛派仁波切是从藏区下来到内地弘法的三大法师之一，他最后在南京圆寂了，他的塔在南京。这位仁波切是宁玛派的一位大德。

因为宁玛派戴着红帽子，后来内地人管宁玛派叫“红教喇嘛”。

四、噶举派：重视口头传承，修炼“大手印”

噶举（bkav-brgyud），“噶”（bkav）这个字也可能写成“白色”（dkar）。这个教派来自印度的德洛巴和那若巴，“德洛巴”是什么意思？“卖香油的”。印度有许多法师是“真人不露相、露相不真人”，有本事的人混在群众当中生活。他平常以卖香油作为职业。那若巴呢，也是一位不露相的真人。在印度传承的噶举派，就是由口头传承。实际上噶举派一直重视口耳相传，一代一代传下来。

第一代祖师玛尔巴

噶举派真正在藏区传播的第一位大师叫玛尔巴，他是一位在家人，一直到最后他也是在家人。他是一个翻译家，到印度学习过，学习了很多密法。所谓密法就是如何能够使人快速成佛的道路，据说在印度有很多捷径、很多密法，他学了这些法回来传授，所以他成为第一代传授噶举派的。他是一个有钱的财主，有很多传奇的故事。

第二代祖师米拉日巴

另一位就是藏区里面各教派都信仰的、噶举派的第二代祖师米拉日巴。

米拉日巴，他是一个带着一种自在神态的人，也是在家人，没有出过家。关于他的传说很多，有他的画传，关于他的历史也有很多书。他留下来的一个重要的口传著作《道歌》，是他弘法、对于法的认识，对于世界、宇宙、人生的认识，用诗歌的形式唱出来，我们管它叫《米拉日巴证道歌》，是他的弟子们收集起来的，流传得很广。这部书汉文有译本，英文有译本，应该归功于在我们四川学习过藏文的一位汉族学者张澄基先生（C.C.Karma Zhang）。张澄基先生在康定贡嘎山上，跟贡嘎上师学习，大概学了六七年，最后大概是1948年、1949年左右，他离开了，到了印度，然后从印度到了美国，一直在宾夕法尼亚大学讲授藏传佛教，特别讲米拉日巴的诗集、噶

玛尔巴（清，布画唐卡，布达拉宫藏）

举派的教法。他在台湾也讲过课，他在台湾的著作就汇集成一本书，大陆也出了，叫做《佛学今诠》。《道歌和传记》英文本是在美国哥伦比亚大学出的，是一部很有名的专著。

藏族的骰子——“枭”

关于米拉日巴的故事，给大家做一个简单的介绍。米拉日巴是11世纪的人，他们家原来是拉萨北边一个牧场上的富有家庭，家传宁玛派教法，所以他家里的人都有一点宁玛派的手艺。他自述经历的时候，讲到他的父亲、祖父、曾祖父，讲到他是第四代人。他的曾祖父的时候，家庭生活过得很好。他的祖父也很有本事，但有一个嗜好，喜欢赌钱，赌什么东西？这个东西藏语叫做“枭”（sho，即藏式骰子），汉族管它叫骰子，这是汉民族向西藏传播的一个东西。其实古人并不是拿它赌钱的，古人拿它打卦、占卜用。所以它原来是个卜具，现在还有人拿它摇啊摇，打开来看一看是怎么样的。在藏区，在米拉日巴的曾祖父、祖父的时期，它就成为一种赌具。他的祖父年轻时候是个赌博能手，很愿意跟人家赌，后来来了个“老千”，还带了一帮青壮的人马，这个“枭”最后一次掷下来以后，米拉日巴的祖父输掉了全部家产，全家只好流亡。

这个“枭”是藏族重要的卜具，在敦煌藏文卷子里面——我写过一本《敦煌吐蕃时期占卜文书》，占卜里面的卜具有铜钱、有骨头、有

“枭”——用这个作卜具的，到现在还有。在新疆罗布泊有个地方叫“mi-rang”——米兰地区，原来吐蕃时期是吐蕃占领军的司令部吧，旁边有个文书室，文书室里边出了一批文书，其中就有一个骰子。那是公元8～9世纪之间吐蕃占领新疆、敦煌、河西走廊时期，当时它的一个司令部总部设在敦煌，军队向东西两侧分开，这些驻军在司令部里边、文书室里边放个骰子，不是偶然的。

上面说到米拉日巴的祖父赌输了，全家流亡，一直跑到后藏芒域，就是现在靠近尼泊尔的边上了。到那个地方，他的曾祖父说：“大家好好干，大家要学好，不能再胡来了。”他曾祖父是干什么的呢？是一位宁玛派的喇嘛，我刚才也说了，宁玛派是家庭传授，他从家庭祖传学会宁玛的教法，所以他会治病，特别是儿科，还可以捉鬼，为村民服务，慢慢家产又多起来了。他是外乡人，在后藏新立的门户。有一天，他的曾祖父受朋友邀请去村子里一户人家捉鬼，可是这一家子不信仰宁玛派，当时的情形可用一句藏语谚语形容：“为了治病，狗油也算药啊。”后来就勉强把他请来了，但是很看不起他。米拉日巴的曾祖父是很厉害的，捉住了鬼，让鬼答应不再胡闹了。这个鬼到别人家转告其他鬼说：“可怕啊，这个人（mi-la），这个人。”他们家族就叫“米拉”（mi-la）了，其实他原本不姓米拉。从这个故事里面可以知道他家是一个宁玛派的家庭。

“听见就高兴”

米拉日巴的父亲做生意，南到尼泊尔、北到牧区贩运货物，后来和当地一位富有人家的姑娘结婚了，家里又盖了大房子，名气很大。因为他曾祖父能捉鬼，很多人都来请他，家庭逐渐富裕，到他祖父死的时候，家里都很阔气，丧事办得很风光。这些在《米拉日巴传》里头都写了。他父亲没有学这一套，而专门做生意，生了米拉日巴和他的妹妹，过得非常富裕。他说，我小时候身上穿的是绸缎的衣服，头上扎的是丝的辫子，辫子上有黄金和松耳石的装饰品，我的妹妹也是一样，全村的人都羡慕我的家庭。他说，当我母亲怀着我快要生的时候，我父亲在外做生意，母亲派一个佣人送信说：“你赶快回来吧，现在秋收的时间到了，孩子也出生了，你给他取一个名字吧。”大概佣人走的时候米拉日巴已经生了。一个男孩呀！他父亲看了这封信，哈哈大笑，“这消息太好了，儿子的名字都是现成的，就叫‘脱巴嘎’（thos-pa-dgav）。”所以米拉日巴的小名叫“脱巴嘎”，意思是“听见就高兴”。

米拉家的重大变故

他小时候生活在富裕人家，生活非常安逸，慢慢成长起来，长得很漂亮，喉咙（嗓子）也很好，会唱歌。但就在这个时候发生了重大变故，——

所以佛法讲，人在受到重大打击时会对宗教发生感情。——他父亲得了重病，于是请来了亲戚和本村有名望的人，包括两个本家亲戚，一个是他的大爷，从老家来的，一个是他的姑妈，还把他母亲的哥哥——就是米拉日巴的舅舅——也请到家里来。当着众人的面，他的父亲留了个遗嘱，说："我死后，我望不见边的土地、数不清的牛羊，我家里四梁八栋的大房子，三层，上面有绸缎、粮食、衣服、各种装饰品，在顶上有供佛的东西，下面有牛羊马大牲口，有这样的家产留下来，我现在把我的儿子、女儿还有我的妻子委托你们多多照顾，我将要在墓道的孔里面看着你们。"从这个故事看，藏族当时还未实行天葬，是土葬或者说墓葬。

米拉日巴的父亲去世以后，他的生活发生了重大变化，他的大爷和姑妈说，你们外人别管，我们是本家人，我们来管吧。他们就住在大房子里头，财产都归他们管。米拉日巴说："我们干的是牛马的活，我们吃的是猪狗的东西，我们的手冬天裂着口子，衣服没有像样的，用草绳扎在自己腰上，头发上长满虱子。"他母亲有自己娘家陪嫁的一块小小的土地——可见得当时妇女出嫁的时候，富有的人家有土地可以陪嫁，这对我们研究藏族社会是很重要的材料，——她陪嫁的这块土地不属于米拉家族的，是她娘家的私产，她可以租给别人，然后收租积累起来。到米拉日巴十五岁时，他母亲请客，把当年的证人都请来，读遗嘱，说："当年我们的财产那么多，大爷和姑妈对我们很好，财产也管理得很好，但现在我的儿子长大了，要结婚了，想收回财产管理权。”这时他大爷和姑妈跳起来，说：“哪有这回事？这房子和土地、牲口是我们借给你们的，你丈夫死后，我们养活你们母子那么多年，现在还想要土地、财产？什么遗嘱，拿来我们看看。”遗嘱一拿到手里，他们“哗哗哗”就撕掉了，还拿袖子“啪啪啪”打米拉日巴的母亲。他母亲大哭大闹，可是没有人敢说话，他舅舅上来扶住妹妹说：“不要哭了，再商量吧。”

为什么米拉日巴的母亲丧失了继承权

这里有一个问题，米拉日巴家的财产应该是夫死妻继，为什么他的父亲死后这个权利消失了？他的太太是第一继承人呀！为什么无权继承？廓诺·迅鲁伯写的《青史》（deb-ther-sngon-po）——西藏很著名的一本历史书——有个交代。它说，米拉日巴的父亲死后，他大爷提出来让她母亲转房，他母亲那时很年轻，大概三十多一点，转房，就是说妇女是财产，她嫁到家族里来，她丈夫死后，就得依家族安排再转给另外一个男性。让她转房给他大爷的儿子，被米拉日巴的母亲拒绝了。转房是它的风俗啊，你拒绝这个风俗就是破坏这个风俗，破坏这个风俗在当时就叫伤风败俗。所以他的母亲从此就失去了财产继承的权利，只好听他大爷和姑妈的摆布。直到米拉日巴成年了，她才用米拉日巴的名义——我的儿子大了，要结婚了——重新要回财产。因为当时西藏已没有行政领导，只能靠约定俗成的

村子里的公共裁判。

母亲让米拉日巴学密咒

他母亲无力索回财产，哭得差点死过去了，于是就让米拉日巴去念书，当时念书就是念经，学点本领，不要再受气了。他母亲准备一点钱，他就跟着喇嘛去学经。有一户人家结婚，他跟着师父去喝酒，师傅说你把人家送给我的粮食扛回我家里去。他回去师傅家的路上，要经过自己的家。他一路走，一路想着宴会的场面，因为又喝了两杯，想着想着就高兴地唱起来了，在路上手舞足蹈。他母亲正在楼上炒青稞，想：这不是我的儿子吧，悲伤的人哪有这种欢乐的歌声？再一听，果然是儿子。她推开窗子看见儿子背着口袋，一路悠悠荡荡唱过来啦。他母亲就从楼梯上跳下来，一手拿着拨火棍，一手拿着炒青稞的炒勺，劈头盖脸地打了他一顿。米拉日巴正高兴的时候，忽然被母亲打了一顿，不明白怎么回事。他母亲说："家里受这样的苦，你还高兴地唱歌。"米拉日巴很后悔，发誓要让他母亲满意。他母亲就让米日巴拉去学法报复仇人，让米拉日巴学密咒——"阿"（sngags），汉文把它翻译成"黑咒"，米拉日巴就答应了。

他从后藏到拉萨去时，他母亲将剩下的粮食换成染料、糖、一匹马，让他在路上等同伴，等到了从阿里来的七个人，米拉日巴就跟着他们一起结伴走了。米拉日巴从来没有离开过母亲，走着走着就回头看看，母亲还站在路口向他招手，走着走着再回头看看，母亲的长头发在风里飘着。米拉日巴下了决心，不学会本领绝不回来，就这样越走越远，哪里知道从此再也没有见到母亲。

米拉日巴复仇

他到拉萨投奔老师，学习一些普通的教法，一年后学习结束，老师给他们每人送一套氆氇做的衣服。米拉日巴把同学送上路以后又回到老师这里，他在路边捡起了牛粪马粪，用衣服兜到怀里，施到老师的地里。他对老师说："我现在没有东西供养老师了，他们是有钱人，但我是有深仇大恨的人，没学到密法不能离开啊！"老师将他介绍给自己在山南的师兄。见到新的师父，他就诉说了他的苦处。师父派了一个有神通的人，——神通就是能天眼通、天耳通、神足通、宿世通、他心通，派这个有神通的弟子去调查真实情况后，就教他修密法。师父在外面用石头砌了一间密法的咒室，让米拉日巴在里面，召了几个朋友来帮他，敲着鼓念咒，召请护法神来。念到七七四十九天，神将召来了，告诉了神将要报仇。第二天，就有三十七颗人头堆在咒房底下。

这个故事，《米拉日巴传》做了个很好的解释，——因为这本来是个神话，如果念黑咒能把人咒死，那就不用打仗了，念念咒语就行了。——怎么解释的呢？就说那一天，米拉日巴的大爷的儿子结婚，米拉家的仇人们都来了，藏区的房子最底下一层是拴马的，中间的一层是生活区，住、吃都在这一层，有火塘，再上一层是装粮食的，再上有佛堂，是这样一个结构。那天来了很多人，中间这一层坐满了客人，他大爷和姑妈在外面商量，给谁的肉大一点，给谁的小一点，一个女佣人出来看到有一个大蝎子抱住柱子一拉，柱子倒了，房子“哗”就塌下来，人都压死啦，正好有三十七个人。

但是房子到底是怎么塌的？在《青史》里面作了很好的解释。楼塌下来了，他家里的确死了那么多人，怎么回事呢？那天很多人是骑着马来的，一般人是骑着母马来的，但有一个人骑着种马来了，种马在马群里很不规矩，要趁母马，但母马不理它，不停地用蹄子踢，最后蹬倒了中心柱子，房子就塌了，压死了三十七个人。

这时，米拉日巴的母亲很高兴，拿裤子当旗帜满街叫喊：“天呐！天呐！报应了！报应了！我的儿子念咒应验了！”后来米拉日巴的舅舅劝她，不要再喊了，人家要杀你儿子哩！他母亲就伪造米拉日巴的笔迹写了一封信，说：“谁对妈妈不好，就咒死谁。”村里人很害怕，就让他大爷和姑妈家退还了他家的财产。

米拉日巴学习佛法

但米拉日巴产生了深深的悔恨，觉得自己身上有着三十七个人的血债，想着如何消除罪孽，就投奔玛尔巴学习佛法。玛尔巴千方百计折磨他，想考验他，让他背石头造房子，造好了又让他拆掉重来。

米拉日巴的母亲想法找了七钱金子——当时藏区看来没有货币，交换是用的金和银——想交给儿子，帮他缝补衣服时将七钱金子缝在黑布里，交给一个游方僧人，并请他转交一封信。信上说：“你的成绩很大，为娘非常安慰。现在我知道你也很困难，就在北斗星下有我七户亲戚，你去找他们帮忙。”师母一看信，就知道是怎么回事，想办法将金子取了出来，交给米拉日巴，米拉日巴又把钱交给师父。这就是米拉日巴学习佛教的经历。

经过种种磨难，最后他是终身未娶，隐居在山里修行，锐意修炼，成为非常了不起的一代宗师。他成为继玛尔巴之后的噶举派第二代祖师爷，他没有建庙，他的徒弟就是跟他学习的人而已。他一生隐居在山里修行，忏悔自己的罪恶，做有利于人的任何事。他的遗迹很多，在后藏、冈底斯山、山南、拉萨北边，各地都有，山南有一个他念咒经的遗址。

塔波拉杰建立噶举派

到他的弟子塔波巴，才真正地建立起噶举派。塔波巴就是塔波拉杰，是位医生，米拉日巴的四大弟子之一，他行医传世，宣传教法。从他门下分为“四大八小”十二派，其中最著名的一派是噶玛噶举，传到现在第十七世噶玛巴，传承没有断过。

“大宝法王”得银协巴

噶玛噶举派中一个很重要的人物是第五辈噶玛巴得银协巴，1409年，明朝永乐皇帝把他请到南京。永乐皇帝用了很多少数民族的人，比如回族中用了三宝太监郑和，他成为沟通中西文化的重要使节；藏族中用了侯显，他是安多藏族，甘南藏族自治州卓尼地区的人，担任了朝廷到西藏去的使节。侯显、杨三保、杨瑛、袁琦、杜通受皇帝派遣去西藏请五世噶玛巴得银协巴，汉文史籍中经常写的“哈立麻”，就是“噶玛”，这是蒙古人读藏语，蒙古语g/k/h是一个音位。这是黑帽系，元朝皇帝给了一个黑帽子，明朝永乐皇帝又继续给这帽子加金边，金边黑帽，所以叫做“夏那巴”（zhwa-nag-pa），黑帽派。第五辈噶玛巴到南京以后被封为“如来大宝法王”。

明朝一共封了八个王，宗教上的三大法王就是大宝法王、大乘法王、大慈法王，代表的三个教派就是噶举派、萨迦派、格鲁派；地方上的五个王是阐化王、阐教王、辅教王、护教王、赞善王，继续对西藏采取多封众建政策。整个明朝没在西藏用过兵，所以藏区宗教领袖都倾向朝廷，到朝廷的人络绎不绝、前后相望于途。

到朝廷来，与朝廷合作，得到朝廷的赏赐，朝廷给他一个封号，然后他在地方上就有领导权，这就是噶举派成功的经验。

第五辈噶玛巴到南京以后，为皇帝做佛事，有一幅重要的画卷记录了这

《大宝法王建普度斋长卷》局部（明，卷轴画）

件事。噶玛巴一共做了三个月的道场，为太祖皇帝和马皇后做道场——永乐皇帝朱棣宣传他是马皇后生的，其实他的生母据考证应该是高丽妃子。

第十七辈噶玛巴

从那一辈大宝法王到现在第十七辈大宝法王——现在在印度，一直和内地去的人（弘法的人、拜佛的人）保持很友好的关系。2003年上半年我在香港，我知道香港很多信徒到印度去见过他，得到过他的签名，是用汉字签的“噶玛巴”。“非典”时期，香港佛教界举行了一个祈祷法会“药师佛消灾大法会”，噶玛巴发来一个电报，是用藏文写的，他们就把这个传给我，让我翻译一下。电报中说：“听说现在内地与香港、台湾都发生严重瘟疫，使人民生命财产都受到严重损失，我听到以后很难过。现在香港佛教界举行祈祷大法会，祈祷药师佛消灾降福，我本人非常愿意在印度也努力地念经，共同祈祷这个法会的成功。”

第十六辈噶玛巴于1959年到了海外，一直没回来，圆寂在美国，留下遗嘱希望在国内寻找他的转世。第十七辈噶玛巴从转世到确认坐床，一直是我们宗教局主持的，包括他的道场楚布寺，现在修了一条水泥公路，到楚布寺朝圣的路非常通畅。

乾隆帝为何停止夏玛尔巴的转世

噶玛噶举在元朝时候就又分出一支来，叫“夏玛尔巴”（zhwa-dmar-pa），红帽派。红帽派和黑帽派互为师徒，几乎和后来达赖、班禅的关系一样。下面将解释转世制度这个传统是如何形成的，怎么用互为师徒的办法继续进行宗教教育的。这是西藏人非常聪明的一种设计，维护宗教教育的传统。

乾隆五十七年，因尼泊尔廓尔喀的军队入侵，抢了扎什伦布寺、萨迦寺，给后藏一带造成极大的灾难，乾隆皇帝派福康安领大军，一直打到加德满都外面阳布城才停下来，廓尔喀王投降，福康安奏请乾隆皇帝封尼泊尔廓尔喀王一个”天下兵马大元帅“的封号，但要他交出夏玛尔巴，因为是夏玛尔巴勾结他来的。

夏玛尔巴为什么要勾结廓尔喀王？这里面有个故事。因为六世班禅——就是夏玛尔巴同母异父的兄长，圆寂在北京，皇上本人捐献了大量的钱财，王公们也捐了很多金银珠宝给扎什伦布寺。夏玛尔巴要分，说那也是我们的哥哥，可是管家的仲钦仁波切说，虽然我们都是弟兄，但是你是夏玛尔巴，是另外一个教派，我们是格鲁巴，这个东西是皇帝赐给格鲁巴的，不能给你。他一怒之下，就引着尼泊尔军队来抢了。

虽然他在尼泊尔故去了，但皇帝非常生气，从此停止了夏玛尔巴的转世，第十世开始就停封了。一直到第十六辈噶玛巴到了美国以后，他把他的侄子转成现在的夏玛尔巴，他自己给立的。这在朝廷看来是不合法的。后来，夏玛尔巴年纪大了，他在印度又搞了一个小噶玛巴，变成两个噶玛巴，现在都在印度，一个在新德里，叫多杰塔耶，是夏玛尔巴立的噶玛巴；另外一个就是在我们国内转世、现在在印度的那位噶玛巴，他在协日林达什图。

修炼“大手印”

噶举派的教法的主要内容就是大手印（phyag-rgya-chen-po，是噶举派的一种宗教修行体系和方式），是它修炼的密法中主要的一个。宁玛派是大圆满教法；萨迦派是道果教法。具体是怎么样的手印，哪些手印，希望以后有机会细讲。

“四大八小”支派

噶举派影响很大，后来分出了很多支派。除了上面介绍的噶玛噶举支派，在现在拉萨附近东郊蔡公堂地方，当时还创建了蔡巴噶举（tshal-pa bkav-brgyud）；在现在后藏昂仁地方，有拔戎噶举（vbav-rom bkav-brgyud）；在前藏帕木竹地方，有创建的帕竹噶举（phag-gru bkav-brgyud），这是四个大的支派。其中帕竹噶举又分衍出来八个小支派：主巴噶举（vbrug-pah bkav-brgyud），现在不丹的国教就是主巴噶举派；止贡噶举（vbri-gung bkav-brgyud），主寺是现在墨竹工卡县的止贡梯寺；达隆噶举（stag-lung bkav-brgyud），主寺在现在林周县的达隆寺；其他还有山南雅桑噶举（g・yav-bzang bkav-brgyud），绰浦噶举（khro-phug bkav-brgyud），修赛噶举（shug-gseb bkav-brgyud），叶巴噶举（yel-pa bkav-brgyud），玛仓噶举（smar-tshang bkav-brgyud）。噶举派一共有“四大八小”，所以它力量很强，但各支派都是各自为政，没有一个统一的领袖，这是后来的西藏政府搞出来的。噶举派有些支派已经在历史上逐渐衰绝，到现在仍然有影响的有噶玛噶举派，以及帕竹噶举中分衍出来的止贡噶举、达隆噶举、主巴噶举支派。

五、格鲁派：戒律严格，人数最多，影响最深，规模最大

格鲁派，目前在藏区人数最多，影响最深，规模最大。格鲁派（dge-lugs-pa），意为“好的”、“善良的”，有人译为“善规派”，创始人是宗喀巴大师。

宗喀巴大师

宗喀巴大师（tsong-kha-pa，1357～1419年），本名叫罗桑扎巴（blo-bzang-grags-pa），出生于安多宗喀地区（今青海省湟中县），附近有一座很大、很辉煌的寺庙——塔尔寺，藏语称为“sku-vbum”，意为“十万佛像”。附近有条河叫湟水，《宋史》中称为“宗喀”。但是，“宗”是什么意思？“宗”如何和历史联系起来？

在川北、川东北广大地区，古代有一个聚居的当地民族，很有名的，叫賨人。賨人很早就有，汉时就存在，史书记载刘邦就请賨人协助，参与刘邦

灭秦的战争，由于立过这个功，所以賨人受到免税的优待，整个民族免税。但更重要的一件事是，松赞干布和文成公主结婚后，唐和吐蕃结成非常友好的关系，太宗去世，高宗即位，各小邦来了很多使臣，吊唁皇帝去世，祝贺新君登基，松赞干布作为皇室的亲戚，他的使臣也来了。在这个典礼上，封他为西海郡王、驸马都尉。西海即指青海湖，就是将青海湖地区封给他作为采邑。驸马都尉，汉代以来，只要与公主结婚的就有这一称号。唐高宗新即位，又给松赞干布加封賨王。

賨，根据古音，可能读为“Cong”，也可能读为“Zong”。为什么封賨王？唐代封爵时，有赵王、魏王、郑王等，这些王都有他的地望、采邑。给松赞干布封賨王，“賨”在哪里？

我提出一个方案，大家可以思考一下，賨实际上是湟水河流域地区，这些地方的人叫賨人；在云南北部，有一个迪庆藏族自治州，有三个自治县，中甸（三赕）、德钦、维西，中甸县2001年改名为香格里拉，主要是为了吸引游客，发展旅游业。迪庆藏族自治州的这三个自治县的人古代称为“古宗”，《云南通志》、《滇志》中都有记载，但是当地人不喜欢这个称呼，认为带有侮辱性。为什么古代称呼他为古宗呢？刚才提到賨王的“賨”和古代湟水河的宗曲流域的賨人可能有关，这些古代的賨人流徙到云南地区来，被称为“古宗”。假如这个推断成立的话，说明至少在唐代，就把賨人列入历史了。

邓小平的女儿写的《我的父亲邓小平》中谈到家族史的时候，就说根据县志的记载，邓小平的家族就是賨人。假如我们认为賨人是藏族，或者是藏族一部分的话，那么湟水河流域和川北、川东北广大地区，也包括云南在内，这些人都可能是藏人，那么邓小平可能有藏族血统。当然，这只是大胆的推论而已。

宗喀的“宗”指宗曲，“喀”指河口，宗喀巴的故乡就在湟水河的河口（渡口），他出生在那里，后来就尊称他为宗喀巴，而不叫他的本名罗桑扎巴。这位大师出生在安多地区，是青海人，他的家乡和现在的第十四世达赖的家乡是同一个地方。

“不学成，一步也不向东走”

宗喀巴自幼出家，三岁时就有噶玛派法师进入他家点化，七岁出家，受的教育是噶当派——以阿底峡的《菩提道灯论》为主要基础而建的教派——的教育。他在这派的寺庙里出家，十六岁时从青海到西藏去学习、访师，到各寺庙去朝圣，发誓：不学成，一步也不向东走。他背着包袱，步行到西藏，凭个人的坚强意志和智慧，遍访各主要道场，先到了噶举派的止贡，受到大师的肯定，又到了蔡巴和贡塘，然后又到了后藏，到萨迦寺学习。萨迦寺当时已经是有系统的经学教育的道场，在那儿遇到了重要的大师，系统地学习了因明、中论。又到山南，游学各个寺庙。学到一定程度后，他开始立

宗辩论——对一个题目有了很大兴趣，积累了经验，所以愿意就这个问题进行辩论。当时藏族宗教教育里提倡进行辩诘，这在后面经学教育部分还可以专讲。从他的答辩中表现出他对经典的理解以及他个人的智慧，当时就受到帕竹（帕木竹巴的简称）派一位领导人的赏识，建立了供施关系。

藏族地区当时并没有能统率全区的领袖人物，虽是萨迦派受元朝委托管理西藏地方，实际上是推荐各地区的能人担任万户长，管理各自的地区。宗喀巴就和当地的帕竹派领导人建立了很好的供施关系，也就是师徒关系，他们愿意布施他建宗立派，愿意修建寺庙道场。

宗喀巴的团队

个人的力量有限，宗喀巴的成功得力于他的团队。地方上一些当时比较有名的中青年学者来投奔他，成为他的弟子，结成一个强有力的团队，他将他的宗旨以及弘扬佛教的愿望让大家一起来讨论，然后这个团队弘扬他关于佛教的理解。人们逐渐知道宗喀巴领导的这个僧团。这个僧团后来就成为宗喀巴的主要力量，有人们熟知的十大弟子，特别有名的为八大弟子，这些弟子都有很了不起的建树。

宗喀巴在山南募捐，请当地领导人用经济力量来支持他修复一些古老的寺庙，名声就起来了。他的学生提出自己的见解，宗喀巴这时也建立了自己的学术体系，构建了如何从一个凡夫修行成佛的道路、过程，在阿底峡《菩提道灯论》的基础上扩展、加深，提出具体修行的经典和方法，写出《菩提道次第广论》。印度的一些主要经典被翻为藏文后，他根据这些经典的经义，结合自己的体会，吸收前人的成果而著成此书。

菩提（Boddhi），“得到解脱”之义，来自梵文。藏语是一种不易渗透的语言，不喜欢音译，实在不得已才音译。菩提，藏语译为“byang-chub”，意思是“一步一步走向解脱”，菩提道就是解脱的道路，第一个台阶，第二个台阶，逐步攀登上解脱的道路。

学习藏文后能更好地理解佛经

很多佛经中的汉语音译词，学习了藏文之后，可以帮助我们理解。比如：“佛（Buddha）”，汉语的音译大概是魏晋南北朝前、汉代时出现的，梵文原文很难用一个或两个汉字说清楚，因此就采取音译，长期的流传中称为“佛陀”。按照汉语音韵史的说法，古无轻唇音，唐代或唐代以前，汉语似乎没有“f”这个音，藏语中至今仍然没有“f”这个音，例如现在的藏族老百姓，叫飞机为“Peiji”，副主席叫“Puzhuxi”。古代汉语也没有“f”这个音。学过语言学就知道：汉语和藏语相近。为什么叫汉藏语系？因为是有亲属关系的，汉语和藏语发展的历史走的是同一条路，原来更古老的共同汉藏语可能是一个语言分开的。7世纪或者更早，佛教传入藏区，藏人对“佛”这个字，不用音译，用意译，翻译成“sang-rgyas”，意思是“觉悟”，也可以是动词：“已觉悟了”。佛就是觉悟了的人，觉悟了人生的根本道路，觉悟了人、宇宙、今生和来生的关系，觉悟了这些大道理，因此这个人——释迦牟尼是觉悟者。

藏族学佛教可能比汉族容易，因为藏文对佛教术语基本上采取了意译的方法。再如“菩萨”，从语言上考察，汉族翻译家当时音译成“菩提萨埵”，简化成“菩萨”；藏语却是“byang-chub-sems-dpav”，意思是“心中证得菩提之人”，“有觉悟而断绝思想上烦恼的人”。我们现在把菩萨认作偶像，在寺庙里供着，有觉悟、以身体贯彻了佛的意志的人就可以称作菩萨。按照人间佛教的观点，为佛教和人间做了大贡献的人都可以称为菩萨。“sems”，思想；“dpav”，英雄。不但有觉悟，还能斩断思想上的烦恼和障碍——贪、嗔、痴，能够彻底消除这“三毒”的勇敢的英雄，有这样的觉悟的人，就可以叫做菩萨。从藏文意译，我们大致可以了解这样一些意思。所以藏族学佛教较容易理解其涵义，归功于当时译经多为意译，使得佛教在藏族群众中更容易普及、深入人心。

宗喀巴认为要显密兼修

宗喀巴大师除了《菩提道次第广论》以外，还有一系列著作。关于唯识、中观，他都有自己的见解，还写了一些入门书，让普通人也能进入佛学的殿堂，因此来投奔他的人很多。《菩提道次第广论》之外，他又写了《密宗道次第广论》。西藏各个宗派都学习密法，但是没有密宗，不像汉传佛教，有禅宗、天台宗、密宗等。宗喀巴大师认为显学修到一定程度后，就可以进入密学的学习。佛学分显学和密学两部分，显学，藏文叫“mdo”，可以通过经典来学习；密学，“sngags”，也有“咒语”的意思，即用一定的咒语、一定的手势、身体符号，心里想着本尊，三密合一，就可以达到成就的目的。宗喀巴大师提出，一个出家人要想有成就，必须显密兼修，但要先显后密，先学经典，《阿弥陀经》、《金刚经》、《妙法莲华经》等各种经典要熟读、吃透，在此基础上再学密学。

六字真言崖刻

六字真言：嗡嘛呢叭咪吽

咒，梵文为“tantra”，汉文音译“怛特罗”，包括密教的咒语、仪式和口诀等。例如六字真言“嗡嘛呢叭咪吽”，有深奥的含义，不能用一句话说清。简单地讲，“嗡”（OM），指愿望，祈祷的时候总有一种追求，要跟佛、菩萨沟通，OM，也表示祈祷开始了；“嘛呢”（MANI），指宝贝；“叭咪”（PADMA），指莲花，代表珍贵、高贵、纯洁、稀有等优点；吽（HONG M），指完成、成就。六字真言影响很大，藏传佛教就把它作为最常用的咒语，即使不识字的人也会念诵，在藏区任何地方、任何人都会念诵，且成为一种习惯。念真言好像和佛、菩萨沟通的途径。

内地有儒家、道家的思想，佛教初传入内地时有对立面、有阻力；但在西藏，佛教和苯教只一回合就所向无敌，占绝对主导地位。在内地就没有这么顺利，内地的很多知识分子信仰佛教，如苏东坡、白居易；但也有很多人不信仰佛教、嘲笑佛教。如在明朝，朱洪武作过和尚，信仰佛教，作了皇帝后，对佛教有宽容的一面，也有约束的一面，他知道对寺庙的出家人不能给予很高的官位。但他的子孙后代中有好几位一直追求藏传佛教。明正德皇帝不但信仰藏传佛教，而且还请了一些喇嘛到北京，建了四座大庙，专门接待藏族出家人，朝廷上也有喇嘛穿着红衣上朝。明代的傅维麟《明书》提到，当时儒生官员嘲笑藏族喇嘛，并将六字真言念为“我把你们来哄”，说明当时儒生士子心理上的反感，也说明藏传佛教在明朝有一个逐步传播的过程。

给大家介绍一本入门书——《佛教常识答问》，赵朴初著。写常识的书最不容易，要人人能懂。赵先生毕生对佛学理解的精义就在这本书里。他认为佛学不是迷信，佛教不是一种盲目的崇拜，是一种有理性的人类的哲学。赵老是一位提倡人间佛教的大师，虽然在家，称居士。他九十三岁临终前留下一首偈子，一共八句话：

生固欣然，死亦无憾。花落还开，水流不断。我兮何往？谁与安息？清风明月，毋劳寻觅。

从这几句话中，我们可以看出赵老达到了何种境界。他的境界就是从佛学中得来的，参透了人生，参透了名缰利锁，因此他的人生能够得到一种自在的境界，这种境界是学习佛学的结果。藏传佛教和中土佛教、南传佛教同为佛教，虽然修法的步骤、仪轨不同，所用的文字不同，但目标是一样的。

1409年第一次传召大法会

宗喀巴完成这两部重要著作，他的弟子们也形成团队。他的弟子们也很了不起。他于1409年在拉萨举行第一次传召大法会，藏区格鲁派僧人都尽可能到拉萨集中。据佛经记载，释迦牟尼成道前，曾经和外道举行过一次辩论法会，降伏了外道，使外道皈依了佛教。宗喀巴据此创立了“传召大会”

（smon-lam chen-mo），把不同地区、不同寺庙、不同水平的佛教信仰者聚集起来，传播他的宗教。

"大慈法王"释迦也失

宗喀巴当时已经声名大振，这时明永乐皇帝派人到西藏请佛教领袖人物到南京去，其中有第五世噶玛噶举的领袖得银协巴（de bzhin gshegs pa），萨迦派的领袖贡嘎扎西（kun dgav bkra shis pa，《明史》中作"昆泽思巴"），他们都答应了。也请宗喀巴去。宗喀巴给皇帝写了一封信，现在还保存下来了，在于道泉教授著的《宗喀巴大师和明永乐皇帝来往书信》中有。宗喀巴说他年老了，身体不好，所以就派他的弟子释迦也失（shakya-ye-shes）代表他去。实际上主要原因是他不想放弃1409年的传召大会，他个人受皇帝邀请的荣誉当然了不起，可是比起来，整个藏区的佛教徒集中在一起召开传召大会更重要，可以宣传他的主张。当时他五十二岁，他派去的学生释迦也失比他还大三岁。还有一种解释，皇帝邀请得银协巴，答应给他封王——大宝法王；封萨迦派贡嘎扎西为大乘法王，可是宗喀巴领导的僧团是后起的，当时朝廷并不知道他的实力，皇帝原先没有安排，使臣不敢贸然许愿。宗喀巴想：不能去。为什么呢？皇帝没有答应要封王，那两位是要封王的，我要去了，如果没有封王，明显的地位下降。假如我不去，徒弟去了，你们两个封王，我徒弟也封王，我是徒弟的老师，地位就比王更高了。当然

大慈法王像（明，缂丝唐卡）

这是我的推测，可能是小人之心。最后宗喀巴没去，释迦也失去了，没有封王，封为“西天佛子”。直到永乐皇帝死后二十多年，宣德九年释迦也失才被封为“大慈法王”，他死在内地。

释迦也失当时尽管没有封王，但受到极大的奖赏，皇上赐了一套刚刚出版的藏文《大藏经》。释迦也失将它运到色拉寺，专门修了一座殿——“甘珠尔拉康”来安放这部经。这部藏文《大藏经》是朱字印刷，每包第一页是汉文，是永乐九年为了超度徐妃而在南京用铜版刊刻的。这是藏文《大藏经》的第一个刻本，主持校对的是得银协巴。以后陆续又有十一种大藏经刻本传世。

宗喀巴著作的汉文译本

宗喀巴的两部著作是藏传佛教格鲁派的必读之书，现在都有汉文译本，是法尊法师译的。他是汉地的出家人，在康定开始学习藏文，然后沿甘孜、昌都一路学习，后来到拉萨哲蚌寺学法。太虚大师在四川弘法时，当时四川省的领导人是刘湘，太虚大师请刘湘给一块地方建立佛教学院培养僧人，刘湘答应了，要求不仅要培养汉地僧人，也要培养能够说藏语的人做沟通工作，并聘请藏族的大师来传授藏传佛教。太虚大师同意了，于是在重庆郊外缙云山的缙云寺创建了“汉藏教理院”，招了一批年青的出家人，学习藏文、藏语、藏传佛教。这时太虚大师将法尊法师从拉萨召回，法尊法师到汉藏教理院先后任教务长、副院长、院长。此时他着手将宗喀巴的两本著作译为汉文，是为给太虚大师阅读而翻译的，很了不起。最初的一个本子是缙云山汉藏教理院的印本，以后大量翻印；现在的印本很多。从宗喀巴的这两本书开始学习可以逐渐领会格鲁派的深层教义。

关于宗喀巴的重要文字

我个人和褚俊杰同志合作，而他出力尤多，写过一本《宗喀巴评传》，是南京大学出版的“中国思想家评传丛书”之一；北京班班多杰先生也写过一本；关于宗喀巴更重要的文字是王森先生的《西藏佛教发展史略》后面的两个附录：“宗喀巴年谱”，“宗喀巴传论”。

王森先生最重要的成就是梵文、佛学、因明，他还有因明学的很多存稿，没有出版。印度因明学的最后一位大师——曲吉扎巴大师（法称）有七本关于因明学的著作，有藏文译本，汉译本一本也没有，梵文原本也已不存，现存的只有藏文本，王森先生就是想根据藏文还原成梵文。现在“国际因明学会”由日本的京都大学和奥地利维也纳大学轮流每二至三年召开一次国际因明学讨论会，其中一项任务就是想还原梵文原典。

宗喀巴大师留下很多著作，给我们后人留下了丰厚的文化遗产。他的弟子们成为强有力的团队，其中有两位重要的大师，一位是根敦珠巴，后来被追认为一世达赖；另一位是克珠杰·格勒贝桑，后来被追认为一世班禅。达

赖、班禅两个活佛转世系统都是在宗喀巴的弟子中形成的。

达赖喇嘛的称号是如何来的

达赖喇嘛的称号是如何来的呢？宗喀巴的大弟子根敦珠巴、二传弟子根敦嘉措、三传弟子索南嘉措，都很有学问，尤其辩才突出。当时在西藏掌权的是噶玛巴支持的藏巴汗丹迥旺布，噶举派占绝对优势。索南嘉措就应蒙古吐默特部的俺答王之邀前往蒙古，“俺答”即阿尔泰，蒙语意为“黄金”，意思是成吉思汗的嫡系黄金家族。俺答王对他极为崇敬，蒙古原来的萨满教信仰也由此改变，祭祀形式的改变保护了生产力。王爷很佩服索南嘉措，就称他为“达赖喇嘛”。达赖，蒙古语意思是“大海”；达赖喇嘛，意思是“知识、见解像大海一样广阔的上师”。达赖喇嘛的称号实际从三世才开始。由此上推，索南嘉措的师父根敦嘉措为二世达赖，师父的师父根敦珠巴是一世达赖。

三世达赖是与明万历皇帝同时代的人，万历皇帝信佛，曾邀请索南嘉措去北京，称他为大比丘，还没称达赖喇嘛。藏语称比丘为“格隆”（dge-slong）——比丘也是音译，藏语意为“好的乞讨的人”、“善乞者”；后来索南嘉措才有了“达赖喇嘛”的称号。晚年他圆寂于蒙古。他去世后，蒙古俺答王的府中生一男孩，就被指认为索南嘉措的转世，成为第四世达赖，取名云丹嘉措。西藏来人将灵童接到哲蚌寺甘丹颇章，在哲蚌寺坐床。以后每一世达赖的名字中都有“嘉措”一词，嘉措是藏语“大海”的意思，与蒙语的“达赖”相对应。索南嘉措也给俺答王以“咱克喇瓦尔第彻辰汗”的称号，意即转轮王聪睿汗王。此后，王爷有了“彻辰汗”的称号，索南嘉措也有了“达赖”的称号。当时达赖在西藏还没有掌权，只是格鲁派的领袖。云丹嘉措二十多岁时去世，他的转世为五世达赖阿旺罗桑嘉措，直到现在第十四世达赖喇嘛丹增嘉措。

班禅额尔德尼的称号是如何来的

宗喀巴的另一个弟子克珠杰·格勒贝桑也很有学问，传到第四代弟子罗桑却吉坚赞时，当时达赖系统已有了，控制全藏的固始汗于1645年赠予罗桑却吉坚赞“班禅博克多”的称号。班禅，意思就是“大班智达”、“大学者”。班禅系统以学问闻名。班禅系统是从第四世开始的，前面的是追加的。四世班禅罗桑却吉坚赞是一个雄才大略的人，帮助并主持了第五世达赖转世，并且和达赖商量，派人与满洲建立了联系，满洲人入关后，又建立了满、蒙、藏三方联盟。罗桑却吉坚赞智慧很高，康熙时增加了“额尔德尼”的封号，意为“宝贝”，是满语，从此班禅系统的人就都叫“班禅额尔德尼”，直到今天的第十一世班禅坚赞罗布。

六世班禅圆寂

六世班禅贝丹意希于乾隆三十五年到北京为皇帝六十岁祝寿。当时藏人到内地怕感染天花，虽然皇帝征召不能不去，但可以以没有出过痘而推辞，这叫“生僧”，出过痘的叫“熟僧”。六世班禅没有出过痘，但毅然冒险进京。他先到承德，乾隆帝专门到承德去接见他。当时乾隆帝六十岁，他的母亲八十岁，乾隆帝听说六世班禅是专门来祝寿的，很高兴。六世班禅在承德适应了一个月，觉得没问题，于是进了北京，但不久就发烧发热，感染天花，出现痘症，某一天突然全身光鲜如常，痘毒归内，就圆寂了。乾隆帝很伤心，带头做后事，捐赠十分丰厚，收到的诸多供养，全部运到了西藏日喀则。在北京留下了六世班禅的衣冠，修了“塔院”，即今三环路花园村附近的塔院。捐赠给他的大批钱财后来全部运到西藏，惹起尼泊尔廓尔喀人来抢，乾隆帝大怒，就派福康安带了大军进藏，将廓尔喀人打了回去，一直打到加德满都，赶跑了廓尔喀入侵者，巩固了国防。

综上所述，宗喀巴大师的弟子形成两大转世系统：达赖、班禅系统。达赖系统从三世开始，班禅系统从四世开始，前面的是追加的。达赖、班禅两个系统是宗喀巴弟子的两个传承，但跟宗喀巴大师没有直接关系。

格鲁派六大寺

宗喀巴大师的弟子还有很多，其中札希贝丹（也通称“绛央却杰”，意为“文殊法王”）修建了哲蚌寺。哲蚌寺出家人最高定额为七千七百人，比一所大学还要大，在拉萨西郊，是格鲁派最大的一座寺庙。释迦也失修建了色拉寺，定额为五千五百人。达玛仁钦修建了噶丹寺（也叫甘丹寺），定额为三千三百人，成为格鲁派的祖庭，于1409年修成，是宗喀巴晚年常驻之地，位于距拉萨六十公里的达孜县。噶丹寺是在“文化大革命”时被彻底破坏的，尽管是1958年国务院首批公布的西藏十八处全国重点文物保护单位之一，也没能逃脱厄运，当然，现在已全部修复了。这三大寺是宗喀巴的弟子在他在世时修起来的。扎什伦布寺是第四大寺，是他去世后修建的；第五座是塔尔寺；第六座是拉卜楞寺，合称为格鲁派六大寺。后来清朝皇帝在承德修避暑山庄时，修外八庙，其中部分寺庙就是模仿西藏寺院而建的，包括普陀宗乘之庙（仿布达拉宫）、须弥福寿寺（仿扎什伦布寺）、普宁寺（仿桑耶寺）等。

总之，藏族是一个全民信教的民族，而藏传佛教的流行也有着长期发展的历史和广阔的社会背景，形成了不同的宗教派别和信仰特点，最后发展成今天的藏传佛教。只有了解这些历史和它们的特点，我们才有可能真正地去理解藏传佛教、理解汉藏关系，真正走近藏传佛教。

第三讲

活佛转世制度

一、活佛转世

活佛的意思是“大宝贝”

今天给大家介绍活佛转世制度。“活佛”是我们汉语这样称呼的，大家已成习惯。西方有人根据汉语翻译成“living-Buddha”，意为“活着的佛”；更多的人翻译成“incarnation”或“reincarnation”，“转世的佛”或“再次转世”。藏语本身不是这么说的，现在普遍的称呼，有一种敬语，很客气的说法，所有的活佛都称“仁波切”（rin-po-chen），意思是“大宝贝”。藏语中的“仁波”（rin-po），意思是“宝”；“切”（chen），意思是“大”，“仁波切”是对转世活佛的一种很尊重的称呼。现在这种称呼很普遍，有些不是转世活佛也用这个词，如格西，叫格西仁波切；阿旺，叫阿旺仁波切。

其实“活佛”本来的称呼应该叫“朱贝古”（sprul-pavi-sku），或“朱古”（sprul-sku）。“sprul”，意思是“变化”；“sku”，是身体的敬辞；“朱古”（sprul-sku），意为“变化之身”，这是藏传佛教最正规的名称。这个词被蒙古人借用去后，翻译成“呼图克图”（Hutuktu），也是“化身”的意思。蒙古语的称呼“呼图克图”与藏语“朱贝古”是一个词，就是“化身佛”这个词的蒙古语的译音。满洲人或更早一点的蒙古人就用这个词称呼转世活佛，这不矛盾。清朝时将呼图克图作为一种特殊的、荣誉的称号授予某一个活佛，某某呼图克图就是某某化身佛，这是不同语言中称呼的情况。

汉族有活佛吗

活佛转世制度作为藏传佛教一大特点，大概不成问题。因为在全世界，佛教作为世界性的三大宗教之一，除了蒙藏信仰的佛教体系有活佛转世制度之外，其他佛教信仰地区都没有。比如汉族就没有，没有一个人自称是活佛。唯一比较特殊的是，1994年我在台湾政治大学讲课时，台南白塔寺有一位出家人，叫道本法师，已经二十七岁了，他曾经捐款给锡金的绒德寺——拉萨楚布寺的下院，和噶玛派的噶玛巴保持着很密切的关系，这座寺庙有六七百人，规模相当大。道本法师和这个寺庙的主持人噶玛噶举红帽派的领袖夏玛尔巴结下了很深的友谊。他将在台南募集到的相当多的香火，捐赠给绒德寺，据有关

衬金：施舍给僧道的钱物。衬，通“嚫”。《醒世恒言·吕洞宾飞剑斩黄龙》：“支衬钱五百文。”顾学颉校注：“衬钱，即嚫钱。梵语谓施与为‘嚫’；所以布施给僧道的金银衣物等叫做‘衬金’或‘嚫钱’。”

人士说，绒德寺的出家人都分到了衬金，这次的衬金是历史上最多的。作为回赠，夏玛尔巴就让他成为活佛。噶玛派有一位叫“洛本仁波切”的格西去世了，于是道本法师一夜之间就成为洛本仁波切的转世了。道本法师欣喜若狂，回到台湾后，经过运作，在台南白塔寺举行了正式的活佛坐床典礼。这位法师一不会藏语，二不会藏文，三对藏传佛教基本无知，却成为洛本仁波切，举行了坐床典礼。有个新闻界的朋友问我，这种事情内地会发生吗？我说，不可能，内地如有一个汉人宣称自己是仁波切，公安部会立即把他逮捕的，因为这是招摇撞骗。这个道本法师变成活佛是个笑话，假若有人请这个活佛给予开示，他能讲出藏传佛教任何东西吗？估计他做不下去，他会感觉到很困难的。这反过来证明，转世活佛制度是藏传佛教的特点之一。

民族的和宗教的传统

藏传佛教有活佛转世制度，这是它的传统。第十世班禅圆寂，是1989年1月28日往生的，国务院三天后发布公告，第一句话说：“班禅大师去世，根据藏族的民族的和宗教的传统，寻找、遴选新的转世活佛。”民族的传统，指藏族的传统；宗教的传统，指藏传佛教的传统。这是我们国家根据历史定下来的。

这个特点在历史上是如何形成的？佛教从7世纪左右传到西藏，经过长时间的弘法、推广，与当地古老信仰冲撞、摩擦、融合，艰苦地建立起来了，又经过一场严重的挫折（842年朗达玛灭法），约一百多年后才有第二次复兴，由阿底峡等建立了噶当派，其他大师也依据自己的情况建立了不同的部派。到13世纪时，有六百年了，毕竟要寻找立足点。佛教到任何地方传播都有个任务，都要本土化。佛教传到汉地，也有一个本土化的运动。请大家读一本书，有一名比利时人叫许里和，现在约六七十岁，他的博士论文出版了，这本书由北京大学李四龙等几位青年学者翻译成中文，书名是《佛教征服中国》，讲佛教如何在中国东部、南部扎下根来，实现了本土化的。大家可以参考。

佛教弘传运动中始终都要寻找立足点，要本土化。可能任何宗教都要走这条路，只是佛教更明显、更有耐心、更持久一些。佛教传到藏区，经过长时期的传播、摩擦、斗争和融合，在这个过程中觉悟到寻找一个立足点以实现佛教本土化的必要，因为社会生活中有这个要求。

二、“再回来”——活佛转世制度的兴起与盛行

藏传佛教寻找活佛转世制度就是在13世纪时产生的。第一个尝试着实行的是噶举派。

噶举派确立了活佛转世制度

13世纪时噶举派已形成“四大八小”许多门派，其中一个大的门派是噶玛噶举派，位于拉萨西郊九十公里、堆龙河上游的楚布寺是其主寺。原来在吐蕃时期，即在唐代时已有很好的宗教道场，噶举派的第一位噶玛噶举法师都松钦巴（dus-gsum-mkyem-pa），其名字意为“知道三世：过去、现在和未来”。这个名字与活佛转世制度很有关系。这位法师在楚布寺又建立道场（原来他在康区类乌齐建有一个道场），这个寺很兴旺，现在是噶玛噶举的根本道场。

都松钦巴影响很大，在藏区很有声望。他的弟子名叫噶玛拔希，“拔希”是蒙古语，可能是蒙古人称博士、大师、法师为“拔希”。“拔希”可能有两种解释，一种就是类似现在的博士。汉语中的博士在很长时间内并不像现在是受到社会尊重的称呼，如《水浒传》中的茶博士，是送茶的服务员。这样，“博士”在汉语里有个演变过程，后来正式定位为博士弟子员，得到国家承认，在国家的学术机构做研究，在元明清以来更受到重视，这就不是茶博士的“博士”了。“拔希”可能就是从汉语的“博士”翻译过去的，指有学问的人。还有一种解释，就是“能手”、“把式”。赶车好叫车把式，种菜好叫菜把式，所以有人认为“拔希”是“把式”、“专家”的意思。噶玛拔希发现，大家对都松钦巴的崇拜和尊敬一直没有减退，而且寄予很大的希望，希望这样的能人能继续为群众服务。他就利用这个机会宣布：“我不仅是都松钦巴的学

一世噶玛巴都松钦巴（清，布画唐卡，布达拉宫藏）

生，而且是他的转世。”大家就想当然了，他是在都松钦巴去世十年后才出生的，宣称是他的转世，转世的观念就是从这里开始的。

都松钦巴本身的名字就是“知三世”，这为噶玛拔希提供了一个宣传自己是转世的借口，他就在群众中俨然作为都松钦巴的转世。都松钦巴成为第一辈，他就是第二辈，攘迥多吉在他去世后第二年（1284年）出生，被认为是噶玛拔希的转世，转世制度正式确定下来。

“转世”就是认为这位喇嘛很有慈悲，原本他已经功德圆满，已经有觉悟了，可以得到解脱了，可以出世了，但他有慈悲心，觉得他的任务没有完成，世界上还有那么多受苦受难的人在茫茫苦海中煎熬，因此他再回来给苦难的人以救助，宣传佛教的宗旨，使他们得到解脱，就是“再回来”的意思。

不是死亡，而是假期满了

由此而来，产生了一些新词，如圆寂，就是“死亡了”避讳的说法，也称为“走了”、“跑掉了”、“老了”、“逝世”等；对不大喜欢的人，就说“死了”、“翘辫子了”，等等。但活佛去世怎么能说“死了”，连一般的“圆寂”都不够尊敬，藏语有个词就叫“贡巴佐”（dgongs-pa-rdzogs），意为“假期满了”，或者说“心意满足了”。他已经是成了佛的人，得到解脱的人，为了解救人间的苦难，向西天的净土、兜率天宫等他们应该去的地方请假来的，请六十年或八十年，现在假期满了就回去了。很自然的，不是死亡，而是假期满了，所以叫贡巴佐，这是和活佛转世制度同时产生的词。

攘迥多吉是第三辈噶玛巴，前面的第一辈、第二辈是被追认的，第四辈乳必多吉得到很好的机会，到元朝朝廷和皇帝见面，他可以上达朝廷。本来噶玛拔希也有机会，他和忽必烈见过面，忽必烈请他留在蒙古地方传教，他觉得在藏区活动更有潜力，没有答应；他后来又犯了个路线错误，站错了队。忽必烈和他弟弟阿里不哥争皇位，当他哥哥蒙哥汗死后，就在大都首先宣布成为皇帝。蒙古的传统是幼子承家，本来最小的儿子一直跟在父亲身边，往往继承王位，阿里不哥认为他应该得到王位，但被哥哥抢先宣布成为皇帝，就在蒙古和林也宣布自己是皇帝。噶玛拔希就站到了阿里不哥一边，跟忽必烈对立。后来忽必烈取得胜利，成为元世祖，阿里不哥成为失败者，噶玛拔希跟随失败者，也没有什么好果子吃。

噶玛拔希本来有机会得到朝廷支持却错失良机，使噶玛派这一派始终处于民间，汉地给这一派一个称呼，把噶玛噶举的法师们叫“游僧”，就是由于他们在元朝没有获得最高当局的承认。但他们在藏区到处弘法，有很大影响。

噶举派的帽子：黑帽和红帽

噶举派的帽子是怎么回事呢？是元朝某个皇帝给了噶举派师兄弟一顶黑帽和一顶红帽，师兄黑帽，师弟红帽，师兄弟二人共同弘传噶玛噶举，所以噶玛噶举形成两个系统：黑帽系和红帽系。黑帽系到乳必多吉时还很平常，没有

特殊的地位。到第五辈噶玛巴得银协巴时，明朝永乐皇帝登基后，很有远见，知道西藏的问题不能乱搞，就派一名藏人（太监）侯显（藏名洪保希饶，甘肃甘南人）到西藏去，特别提到噶玛巴——《明史》中称他为“哈立麻”，是“噶玛巴”蒙古语发音的汉语对音，永乐皇帝知道他的大名，让侯显请他去南京，又给了一顶金边黑帽子。明朝皇帝钦赐的这顶帽子，其重要性对于转世活佛是了不得的，表示它政治权威的延续性、有效性。到南京后永乐皇帝还封他为大宝法王，到现在为止一直传下来，从第五辈到目前的第十七辈。

两位噶玛巴

第十七辈大宝法王伍金赤列多吉是1985年出生的，就是在我们政府的支持下寻访确认转世的，坐床后住进噶玛巴的道场，在全国很多地方举行佛事活动。他于1999年12月28日留下一封信，说是闭关，悄悄地离开了拉萨，抵达印度后，才宣布他已离开西藏到了印度，约在2000年1月3号吧，到协饶卜林寺（shes-rab）学习。他给国家宗教局和西藏领导留了一封信，说到印度是为了学习，更重要的是为了取得黑帽。这顶由永乐皇帝赏赐的金边黑帽，带有权威性，每代的噶玛巴黑帽派活佛十八岁正式坐床时都要戴的帽子，十六辈噶玛巴于1959年带到了印度，放在锡金绒德寺。然后他就到处弘法，并于1981年底去世。十世班禅收到电报，说是十六辈噶玛巴往生了，请他念经祈求早日转生。

十六辈噶玛巴去世后，其四大弟子分为两派，有两位主张按照遗嘱在国内寻找转世灵童，找到后由国家宗教局发布正式文书，确认伍金赤列多吉为十七世噶玛巴；红帽派在印度，红帽活佛夏玛尔巴也很能干，红帽派的领袖秘密地到拉萨找了一个转世灵童，叫赤列塔耶多吉（1983～ ）。两人年龄相差两岁，现在都在印度。

两个噶玛巴生活在印度的两个地方，赤列塔耶多吉在噶伦堡，伍金赤列多吉在靠近尼泊尔边境的一个寺庙里很努力地学习，现在住在达兰萨拉。印度不许他们两个人中的任何一个人取得帽子。这个帽子现在保存在锡金的绒德寺里，这是噶举派的一个很大的寺庙，有六七百人，是拉萨楚布寺的下院。我在香港遇到从这个庙里来的几个人，他们现在也没办法表态两位多吉——赤列塔耶多吉和伍金赤列多吉——谁才是真正的十七世活佛。但楚布寺的噶玛巴保留有很多东西，如噶玛巴印、大宝法王印。而我们国家宗教局是态度明确的。

三、名人效应——活佛转世的制度化

藏传佛教的活佛转世制度经过几辈人的努力，取得成功，受到人们的欢迎，都松钦巴、噶玛拔希、攘迥多吉、乳必多吉，一辈一辈积累，这就叫名人效应。当时在藏区很有声望的人，人虽然死了，但灵魂没有死，他还继续转世，继续为人们服务，大家也拥护他。这种名人效应带来的效果刺激了其他教派，别的教派纷纷跟进，宁玛派、萨迦派跟进最有成效，而把它程式

化、制度化、规范化的是格鲁派。

为什么是格鲁派加以制度化

为什么格鲁派对这个制度这么积极，接受得这么彻底，而且接受过来以后加以制度化呢？因为萨迦派是靠家族传承，父子、叔侄相传，他们只是在名义上加一个转世活佛的名号而已，未做更多的努力；宁玛派也是家庭传教，也不急于找一个转世活佛来撑门面。但格鲁派与噶玛噶举派有相似之处，都是从民间起来的。宗喀巴大师就是从民间起来的，他是安多人，不是前后藏人，历史上前后藏人对安多人有地域上的歧视，认为拉萨话是官话（dpon-skad），安多话和康区方言是乞丐的话（sprang-skad）。宗喀巴恰恰就是讲安多话的人，有口音，又穷，而且据说还吃大蒜，他自己在社会上争得一片天地，宣传他的戒律、他的著作和学术成就，在藏区打下一片江山。他的弟子、传人对于他的事业继承、团队向前推进有他们的想法，所以格鲁派最能够接受活佛转世制度，将这个精神继续下来。格鲁派和其他教派不同，在接受的同时也有改进。

如何指认转世活佛

以前指认一个转世活佛，没有什么繁复的手续，最多只是去世活佛身边的人讨论一下，举出去世活佛的一些表现，然后根据这些表现或者留下的遗嘱，或者留下的一首诗，——遗嘱也好，诗也好，都是不明确说的，这就是在宗教学上一个很重要的原理，假若说出来了，可能就没有什么效果，一定要是模棱两可、可以让人猜的东西。假若用不着猜，有一定的科学道理和常识，就用不上了，所以要似是而非，制造悬念，悬念是最能引人注意的，所以后来的遗嘱基本上是一种悬念。我认为这件事基本上要从社会需要、社会的眼光来看。

为什么活佛制度推广得那么快？人们心悦诚服，对于活佛的尊敬、礼貌，是以前佛教界领袖达不到的。这就是几次提到佛教要藏族本土化过程中的一点。因为佛教传入西藏几百年后，到了14、15世纪，藏族人有了这种需要，佛教中的佛、菩萨都是外国人，释迦牟尼佛、观音菩萨、文殊菩萨等都是印度人，他们感觉到这些菩萨说话也不懂，我们的困难他未必知道，有一些要求他们不一定能听到，就希望菩萨里有本地的人。汉人也有这种心理，如汉人把菩萨接进来以后，就给菩萨分道场，四大菩萨四大道场。藏人进一步要求西藏化，就把有成就的法师作为活佛转世，一辈一辈转下来。

四、互为师徒——达赖、班禅两大活佛转世系统的形成

宗喀巴大师在世时没有宣布他是活佛，至今没有人敢宣布是宗喀巴大师的转世，这说明有一定的界限，也和人们对他的尊重有关。后来他的弟子

们开始转世，达赖喇嘛是从第三世索南嘉措开始转世的，前两辈是追认；班禅系统也是如此。班禅大师从第四辈罗桑却吉坚赞开始转世，他很英明，策略也高明，所以能在明朝快要灭亡时，走先一步，和西藏宗教的几位代表人——五世达赖、固始汗组成代表团，绕过蒙古到东北去找满洲人，去和他们建立联盟，后来叫满蒙藏联盟。满洲入关以前这个联盟已经建立，后来他被封为班钦（大班智达），意思是“大学者”，是有道理的。这样的事情表现出来，就增加了他的威信，班禅一代一代相传。

达赖、班禅互为师徒

达赖、班禅两大系统，互为师徒。五世达赖是四世班禅的弟子；四世班禅去世后，五世班禅的坐床由五世达赖主持，五世达赖自然就是五世班禅的老师；五世达赖去世后，就由五世班禅主持转世，六世达赖的老师就是五世班禅。例如六世达赖仓央嘉措是个大诗人，有人指责他不像出家人，他就跑到他的老师五世班禅那里，说要收回誓言，不做出家人，宁可做一个普通人。

这个制度以后各派都接受了。以前的噶玛噶举派红帽系和黑帽系也是这种关系，本来也是互为师徒的。萨迦派本来不是转世，是两个王统继承的，卓玛颇章和彭措颇章，后来就一个去世，另一个掌权、主持转世，互为师徒，成为制度。格鲁派中的乍雅活佛，清朝八大呼图克图之一，在昌都地区，乍雅有两支——切仓和穷仓，即大宗和小宗，这两支的活佛也是互为师徒。

活佛转世制度的功用

在藏区，一个教团就形成一个财团，有奴隶、牧场，需要保持并扩大，并且不能把扩大的权力流失，而活佛转世制度使宗教财产不至于流失，教法不至于断档，能够继续严格的经学教育，教务继续向前发展。活佛转世制度一直延续到现在。

在历史上的高峰时期，西藏、蒙古地区曾经共约有两千位活佛。

达赖是观世音的化身，班禅是阿弥陀佛的化身，但至今没有释迦牟尼的化身。

观音菩萨是印度人，早期造像有胡子，是男性，到内地后逐渐女性化，这是中国社会的要求，不仅女性化，而且还美化。观音菩萨是圆通大士，随人们的需要而变化，人们需要什么样子就是什么样子，需要男相就男相，需要女相就女相，在西藏还有金刚相——是密教的本尊，要对付妖魔鬼怪，所以显示出威猛相。随缘现相，内地的庙叫圆通寺的，就是主供观音菩萨。有几部经典宣传观音菩萨的功德是很深入人心的，如《妙法莲华经·普门品》，对观音菩萨的威力、功德宣传很深入人心，所以人们希望得到她的保佑和帮助。

阿弥陀佛就是无量光佛、无量寿佛，他是未来世界的主持，他使人们对于未来世界寄予无穷的希望。

活佛既然成为藏传佛教的一个特有制度，其地位就凸现出来，出现了很多学者型活佛，他可以继承前世活佛的书籍，这可不是件一般的事，因为藏区收集书籍不是很方便，活佛利用这种地位就可以多做许多事情。

五、王权高于教权——历代中央政府对活佛转世的支持

从历史上就可以看出活佛转世制度是自然发展的需要，历代中央政府都加以支持，明清两朝朝廷的大力支持、宣传和推举，使活佛转世制度达到新的高峰，清朝尤甚。

乾隆帝学习藏文

清朝乾隆皇帝很有作为，对学习语言也很有兴趣，他的母语为满语，又学习并精通了汉语、蒙语。他知道中国是多民族国家，不愿事事通过翻译转达，想直接和少数民族对话，于是师从章嘉活佛学习藏文，章嘉活佛成为他在了解藏族事务、藏族宗教以及藏语方面的老师。章嘉活佛是青海人，郭隆寺（后更名佑宁寺，在今互助县）有三大活佛，称为“尼达噶松”（nyi-zla-skar-gsum），即“日月星三活佛”，章嘉活佛就是其中之一。他后来又学习了维语，因为当时新疆事务也不少。乾隆帝在位期间由朝廷主持出了几本多语种的大书，一是《五体清文鉴》，五体是满、蒙、汉、藏、维，五种语言

乾隆帝僧装像

对照词汇，分九十几个门类；二是《西域同文志》，同文者，即用几种语言共同标注一个地名，书中将西部地区的地名用几种文字标注出来。如珠穆朗玛峰，世界第一高峰，至今很多外国人还顽固地称为Everest峰，Everest是印度测量局的局长，宣称他在西藏发现了一个高峰，所以就叫Everest峰，后来中国人在《西域同文志》中发现，这个地方标为“jo-mo-glang-ma”（珠穆朗玛），证明这个地方是中国人最早发现的，而且有文献记载的名称是“jo-mo-glang-ma”，所以1952年中国政府就将其正名为珠穆朗玛峰。

乾隆帝对藏传佛教的两种态度

乾隆皇帝在文化上做了许多事，但他的智慧有点怪。一方面他对藏传佛教非常崇拜、非常信仰，现在北京故宫有几个殿是他修藏传佛教密法的密殿，其中的雨花阁，共四层，是乾隆帝修事、行、瑜伽、无上瑜伽四个步骤

雨花阁：位于紫禁城内廷外西路春华门内，是宫中数十座佛堂中最大的一处。清乾隆十四年（1749年），乾隆皇帝采纳蒙古三世章嘉呼图克图的建议，仿照西藏阿里的托林寺坛城殿，在原有明代建筑的基础上改建成雨花阁。

雨花阁为楼阁式建筑，外观三层，一、二层之间靠北部设有暗层，为“明三暗四”的格局。建筑形制独特，具有浓郁的藏式佛教建筑风格。

雨花阁严格按照藏密的事、行、瑜伽、无上瑜伽四部设计，分层供奉各部主尊像，是我国现存最完整的藏密四部神殿，对于研究藏传佛教具有重要的意义。

雨花阁外景

的殿，这个殿里挂的朝匾牌是用满、汉、藏三体文字标上去的，殿内供有许多主尊、护法。这个殿“文革”时都封着，现在整理出来了。此外还有好几个殿，如中正殿，是个大殿，是清朝宫廷藏传佛教活动的中心，乾隆皇帝的子孙一直都保留这个殿，后来民国时期失火被烧掉了。当时宫里的太监偷这些六品佛楼里的佛像，有些流失到国外，并出有故宫文物专册，很多外国人都知道。另一方面，他有一篇文章《御制喇嘛说》，刻成碑，放在雍和宫，

清宫六品佛楼：“六品佛楼”之称源自清宫档案，系指清代宫廷中一种典型模式的藏传佛殿。

从乾隆二十二年至四十七年间（1757～1782年），清宫先后修建和装修的六品佛楼达八处之多，其中紫禁城内有四处：建福宫花园内的慧耀楼、中正殿后淡远楼、慈宁宫花园内的宝相楼、宁寿宫花园内的梵华楼，长春园有一处：含经堂西梵香楼，承德外八庙有三处：珠源寺中的众香楼、普陀宗乘之庙大红台西群楼、须弥福寿寺妙高庄严西群楼。这八处六品佛楼形制及佛像布置一致：皆为七开间，平面呈横长方形，按显宗与密宗四部配置佛像。中央明间上供宗喀巴大师像，下安佛龛、佛塔或旃檀佛。左右各三间，楼上自西向东依次供奉般若、无上阳体、无上阴体、瑜伽、德行、功行六品佛像及法器，楼下各间供各式佛塔。每间各供佛像一百二十二尊，每间前供桌上还各供有大佛像九尊，六间共供有大小佛像七百八十六尊。

紫禁城中现存的六品佛楼有梵华楼、宝相楼，只梵华楼一座基本保存完好，是我们今天研究乾隆时六品佛楼佛像供奉仪轨的重要依据。

开宗明义就说“佛本无生，何来转世”。他不相信转世，他说释迦牟尼佛就说根本无生无灭，不生不灭，不增不减，何来转世？但老百姓认为需要转世，需要一个精神领袖，所以他就从俗，将活佛转世制度在西藏形成了由朝廷最后控制的制度——金瓶掣签制度。

金瓶掣签制度

乾隆皇帝颁赐了两个金瓶（金本巴瓶），每瓶有几个象牙签，一个放在西藏大昭寺内，一个放在北京雍和宫。大昭寺的主要是达赖、班禅这样的大喇嘛去世以后的转世由抽签决定。内地的一些藏庙，如承德外八庙、五台山等地的藏传佛教寺庙，这些寺庙的活佛转世也要抽签决定。因为乾隆时期活佛转世成为操办转世人的特权，操办人从中可以营私舞弊。乾隆帝知道后就很生

金本巴瓶（清）

气，从此颁赐两个金瓶。再加上当时六世班禅去世后，尼泊尔廓尔喀人到日喀则来抢财产，乾隆帝就派福康安率一千五百人打到尼泊尔，回师以后，颁布《钦定藏内善后章程二十九条》，头一条就是金瓶掣签制度，解决达赖、班禅转世问题。王权高于教权，这是中国的传统。

关于王权、教权的关系曾经发生过很多辩论，为了出家人是否要拜王者，有很多辩论，最后不了了之。王权和教权究竟谁大，在中国最后是面对现实，出家人要依靠皇帝，国师、帝师都是皇帝封的，班禅、达赖转世的决定要抽签，谁来抽？由驻藏大臣代表皇帝抽签决定，这就是王权高于教权。

寻访十世班禅的转世灵童

1989年1月28日，十世班禅大师五十岁往生，全国震惊，因为他身体很好，接近群众，还是国家领导人之一。他去世后，国务院考虑了三天，我们是共产党领导的国家，是马克思主义者，转世首先得承认有灵魂，无神论者怎么办？后来国务院做出决定，2月1日，根据藏族民族和宗教的传统来解决，寻找转世活佛。这是共产党第一次承认有灵魂、有转世。于是就开始寻找转世灵童。

但抽签不抽签呢？历史上有不抽签的，十四世达赖就是免抽签，历史上只有这一个。1940年西藏地方政府申报，请国民政府派员主持达赖喇嘛的坐床仪式。国民政府很认真地研究后，请吴忠信先生作为专使到西藏，他是蒙藏委员会委员长，请他主持达赖的掣签坐床。当时从四川到拉萨无法走，吴忠信绕道香港从印度进藏。印度大使馆要审查名单，其中有一个地质学家不让进藏，很多年后他仍然愤怒地说："印度人不让我进西藏。"吴忠信到了拉萨，英国人劝说西藏人不要让吴忠信抽签，不然就又将领导权交给汉人了。吴忠信说，不抽不行，一个也要抽，来此只为一抽，不然就回去。最后双方妥协，不抽签，观看灵童，让吴先生选灵童。那一天成为盛大的节日，吴先生看着灵童，说："我发现，他就是真正的达赖喇嘛！"然后放布施，给三大寺喇嘛每人一块大洋。

寻找十世班禅大师的转世灵童由扎什伦布寺的恰扎活佛主持，他当时向中央申请班禅的转世免掣签，并推荐了一个灵童，中央还没有答复、还在研究期间，恰扎就把消息通报给达兰萨拉，十四世达赖喇嘛就抢先宣布认定了这位转世灵童。中央立即决定加快寻访灵童步伐，由国务委员李铁映和罗干参加并主持。按照历史，以前驻藏大臣主持坐床，是二品、三品，现在国务委员比照清朝官品应相当于从一品、正二品吧，并且是两个人。后来就由波米仁波切抽签，宣布坚赞罗布为十一世班禅，李铁映主持坐床，这是国家的盛典，由国家重量级人物主持。

第二年，第十一世班禅坚赞罗布带团到中央致谢，他当时七岁吧，到北京人民大会堂，江主席接见他并和他谈话。七岁和七十岁的对话！对话的时候，他说了三句话：感谢中央把我确定为转世活佛；我要好好学习；我要做一

扎什伦布寺

个爱国爱教的好活佛。中国政府非常理性地对待民族宗教问题，尽管他是个七岁的孩子，但他代表了一个民族，代表了一个宗教，代表了一种文化，对这个民族、这个宗教、这个文化要有足够的尊重，这件事情本身是办得很出色的。

历史上的朝廷和后来的历届政府包括国民政府、中央人民政府对藏区的活佛转世制度的关怀，对民族的和宗教的习惯、传统的尊重，形成了金瓶掣签制度和完整的活佛转世制度。这种制度是藏族的一个发明创造，实际上是维护名人效应，推出来藏传佛教的领袖人物，使法统不致中断，财团力量集中；造就了一批在佛学上有造诣的人，因为他们历辈传承，有藏书。喇嘛的转世实际上就是承认他固有的地位和产生的影响。

中国历代政府在这件事情上都尊重藏族的民族和宗教的传统，对活佛在社会上的作用和地位都是予以确认的，但是也强调一点：王权高于教权。

附表：

达赖喇嘛世系表

一世达赖（追认） 根敦珠巴（1391～1474年），扎什伦布寺创建人，自任座主二十年。

二世达赖（追认） 根敦嘉措（1475～1542年）

三世达赖 索南嘉措（1543～1588年），俺答汗赠尊号“圣识一切瓦齐尔达赖喇嘛”，此为达赖喇嘛称号之始。

四世达赖 云丹嘉措（1589～1616年），蒙古族。

五世达赖 阿旺罗桑嘉措（1617～1682年），清政府赐金册金印，册封为“西天大善自在佛所领天下释教普通瓦赤喇怛喇达赖喇嘛”。达赖喇嘛的称号从此确定。

六世达赖 仓央嘉措（1683～1706年）

七世达赖 罗桑格桑嘉措（1708～1757年）

八世达赖 绛贝嘉措（1758～1804年）

九世达赖 隆朵嘉措（1805～1815年）

十世达赖 粗墀嘉措（1816～1837年）

十一世达赖 凯朱嘉措（1838～1855年），1855年受命于清政府，掌管西藏地方政权，暴卒，年仅十八岁。

十二世达赖 陈列嘉措（1856～1875年）

十三世达赖　土丹嘉措（1876～1933年）

十四世达赖　丹增嘉措（1935～），1959年从西藏出走，流亡印度达兰萨拉，成立西藏流亡政府。

班禅额尔德尼世系表

一世班禅（追认）　克珠杰·格勒贝桑（1385～1438年）

二世班禅（追认）　索南乔朗（1439～1504年）

三世班禅（追认）　罗桑敦朱（1505～1566年）

四世班禅　罗桑却吉坚赞（1567～1662年），固始汗赠“班禅博克多”称号，此为班禅称号之始。

五世班禅　罗桑意希（1663～1737年），康熙帝赐封“班禅额尔德尼”名号。

六世班禅　贝丹意希（1738～1780年）

七世班禅　丹贝尼玛（1782～1853年）

八世班禅　丹贝旺秋（1854～1882年）

九世班禅　却吉尼玛（1883～1937年）

十世班禅　确吉坚赞（1938～1989年）

十一世班禅　坚赞罗布（1990～　）

第四讲

经院教育与严格的学阶制度

一、寺庙即学校：经院教育

内地的文官选拔制度

先谈谈一般情况。可以做个比较，在内地，包括（除了藏区以外的）一些少数民族地区，比如古代丽江纳西族的教育完全纳入内地的教育体系，最明显的是参加科举考试。唐代实行科举取士，选拔人才，这条出路是经过长期的实践后实行的。

最早是世袭制，父子相传，是皇帝封的，没有什么道理可讲，遗传的因子可能有一些，但不是绝对的，父是英雄，儿未必是好汉。孔夫子就发现了问题，他说："君子之泽，五世而斩。"认为没有传到五代的，传到第五代绝对垮台，为什么？有很多客观原因。其中一个原因是特权带来腐化，绝对特权带来绝对腐化。世袭制就是特权，所以后来取消世袭制，采取新的办法，就实行推荐制。

汉朝举"孝廉方正"，主要侧重道德方面，实行时动机很好，想废除世袭制，实行推荐制，由地方官推荐能人。一般来说，不能推荐自己家里的人，后来想作弊的人就相互易地推荐，后门对着开，这个现象到现在也没有断绝，所以举孝廉的推荐制也不行了。

到唐代决定实行科举考试，考试面前人人平等，让全国有心从政、服务于人民大众的有志之士投身到其中来，读书人从小就学习要考的内容，经过积累，然后参加考试，形成制度后，就叫“文官选拔制”，这是知识分子的最好出路，直至今天仍是如此。考试尽管有许多问题，但毕竟是可行的办法。科举制被废除以前，中国绝大部分地区包括一些少数民族地区，最高级的是殿试，礼部主持的全国考试是会试，省一级的是乡试，通过考试实现人生理想。

20世纪50年代号召知识青年“上山下乡”，很多中学生下乡，要大有作为，没人念书，大学就关门了。后来发现问题严重，人才要断档，才重新开始招生，但不是考试，考试是所谓的“修正主义苗子”，出现了“白卷英雄”张铁生，还被录取，在全国引起了极其恶劣的影响。但是考试还不能恢复，故采取推荐的方式，由农村的大队推荐。据说到后来，大队的大队长和支部书记就掌握了这个推荐的权力，但不是看成绩和表现；后来又流行一句话：“研究研究（烟酒烟酒）。”这是推荐制的毛病。最后又决定实行考试，1977年邓小平恢复了高校考试招生制度。

考试制度到现今为止，是一种文官选拔制度，这种制度在中华大地上广泛实行。纳西族就是采取读书参加考试的选拔制度，方志上说得很清楚，某

十八世纪末西藏开始实行金瓶掣签制度。清乾隆帝派人制造了两个金瓶，一个放置在北京雍和宫，供内外蒙古活佛使用；另一个放在拉萨大昭寺内，供西藏、青海等地的活佛转世使用。但在特殊情况下，达赖、班禅等大活佛的转世灵童，可以不经过金瓶掣签，由政府直接册封。

在西藏几乎随处可见转经的人，因为人们认为转经就相当于念经，是忏悔往事、消灾避难、修积功德的最好方式。西藏各处修有佛塔，置有转经筒，人们甚至随身携带着转经筒，一有闲暇，便转动经筒。

欢喜金刚简称“喜金刚”。藏语称“杰巴多杰”。是藏密重要本尊之一。他的形象是身白色，八面，十六只手，四条腿。他的嘴张着，露出笑容，是“大乐”的象征。十六手左右各八只，中二手抱明妃。其余向两边伸展。手中都持髅器，髅器内盛神物。他的前面两腿站，后面两腿坐。站着的两腿是左腿伸开，右腿弯屈，胯下挂有人头，足下踩两个仰卧人，表示降伏邪恶与无明。

黄财神是藏传佛教信奉的司掌财运的护法神，以多闻天王为原型，名叫“藏拉色波”，也叫“布禄金刚”。因其形象是黄色，故俗称黄财神。黄财神头戴佛冠，留有胡须，矮小肚大，上身赤裸，左手抱一只大鼬，右手持如意宝，足踏白色海螺，以威镇坐姿坐在莲花宝座中央。

度母，梵名 Tara，拥有救苦救难、济度众生的广大功德。藏传佛教中有著名的二十一度母，是观音菩萨观察受苦众生无量无边，悲从心生而流出的眼泪化现而成。在西藏传统中，一般以文成公主为白度母化身，尼泊尔墀尊公主为绿度母化身。

藏文《大藏经》分为《甘珠尔》和《丹珠尔》两部分，其中《甘珠尔》是指佛亲口所讲，并由弟子们回忆汇集而成，佛经中有“如是我闻”体的即属此类。

藏传佛教中有八宝，又称八瑞相、八吉祥，即藏传佛教中八种表示吉庆祥瑞之物。雍和宫各大殿供桌之上放的八宝排列顺序为：转法轮、宝伞、吉祥结（又称“盘长”）、右旋螺、莲花、宝瓶（又称“罐”）、金鱼、宝盖，简称：轮、伞、长、螺、花、罐、鱼、盖。八宝在藏传佛教中备受尊崇，各具象征意义。

羊卓雍错、纳木错和玛旁雍错是西藏三大圣湖。“错”在藏语里就是“湖”的意思。纳木错是西藏自治区第二大的湖泊，是我国仅次于青海湖和色林措的第三大咸水湖。纳木错的主要水源是终年积雪的念青唐古拉山，在藏族的传说中，纳木错是帝释天之女，念青唐古拉之妻，因而，藏民称纳木错为天湖。

某人是秀才，某某人是举人，这些人都是纳西族。为了考试，就有学校，古代就有，最开始是启蒙学校，接下来是书院性质的学校，还有私学。有的是公立学校，官方给钱。杨联陞先生曾撰文谈到考生进京参加会试，政府给他多少补贴。他做了一次调查统计，有详细的数字，说明当时参加考试是受到政府支持的。

藏区独特的教学制度——佛教经院教育

直到20世纪30年代，藏区仍没有进入主流社会的教学体系，它有个独特的教学制度——佛教经院教育。寺庙是教育的场所，高僧是当然的老师，教学的内容是佛学和相关的一些学科。寺庙培养什么人？他的出路如何？这牵动到整个社会，因为教育制度和社会是互动的。藏族同志可以回顾一下当时人往哪儿走？目标是什么？

现在藏区不同了。1951年后，西藏自治区建立了新的教育制度，其他藏区包括青海、甘肃、四川、云南等地的藏区新式学校设得比较早些，有一些人受到新的教育，有了新知识，到全国各地去读书。那时藏区的青年在成都读书的不少，与原来传统的经学教育就不同，是新的发展。拿现在说吧，比如在西藏自治区有西藏大学，许多科目都和川大一样，当然因为成立晚，规模小，师资力量、教学设置等都无法和内地大学比，但毕竟是有了。此外还有农牧学院、民族学院、医学院等。这是全新的、新时代的教育模式。可以与经院教育比较一下，如果不带任何偏见，原来的寺庙经院教育，它要教育青年人向哪里去？为社会培养什么人？社会经济会发生什么情况？

今天侧重介绍一下传统的教育，然后进行一些对比。首先说经院教育，大的寺庙就是大的佛教学校，很多西方学者和海外藏人就将寺庙当成大学，但学科就只有佛学或与佛学相关的学问。

经院教育的教学体系：扎仓—康村—米村

这个体系是什么时候形成的，什么时候制度化的？我认为，过去藏区家庭中也有人学习识字，有家庭教育，或者师徒相传，假若没有这个传统，文化早就中断了。但作为一个学校、一个体系，是从宗喀巴大师开始的。他创立了格鲁派。格鲁派形成过程中新建了几所规模大、佛学体系完整的寺庙，寺庙内部有几个扎仓（grwa-tshang），扎仓相当于大学下的学院，扎仓下设有康村（khams-tshan，意为“按地域划分的组织”），相当于系，康村下有米村（mi-tshan，即僧人小组），康村和米村按地区分。进入寺庙，寺庙提供宿舍，叫扎厦，即僧寮（这个词日本人全沿用了，写出来一样，读音不同，日本有十五所佛教大学，是他们的教育体系，学生住的地方就叫寮）。僧寮将同一地区的人安排在一起，不同地区结成不同的米村或康村。如哲蚌寺的嘉绒康村，嘉绒是位于四川阿坝自治州和甘孜自治州之间、主体在阿坝自治州、以马尔康为中心的附近几个县，说的是同一种方言，有学者认为是非藏语，我认为说的不是现代藏语，是古代藏语。嘉绒（rgyal-movi-rong），“女王的山谷”之义，说明这个地区历史上是由女王统治的，这在历史上有记载。云南永宁泸沽湖的走婚制度是母系社会——女子继承当家——的活标本。嘉绒人住在嘉绒康村，很多内地学习藏文的汉人喇嘛也住在嘉绒康村，他们被认为是同一地区的。米村可能更小一点，相当于一个班。扎仓—康村—米村，可能就相当于学院—系—班，体系就这样组织起来了。

宗喀巴大师的几位能干的弟子们组成僧团，有很多创造，按宗喀巴大师的意图，创立了格鲁派，并逐渐壮大起来。宗喀巴大师在世时这个教派已有发展，但真正形成一个群体力量，并在社会上占有一定地位，是在他的弟子手中完成的，约在公元15、16世纪逐步形成。他的几个弟子创立了几个寺庙，入寺人数多、规模大，如哲蚌寺（7700人）、甘丹寺（3300人）、色拉寺（5500人）、扎什伦布寺（4700人），这四座巨大的寺庙也就是四所培训出家人的学校，格鲁派就逐渐壮大起来。

二、政教合一：经院教育建立的基础

进庙的人要进行学习，学习什么？如何学？怎么就业？15、16世纪逐渐形成的这一制度适应了当时的封建农奴制、政教合一的政体，为政教合一的政体服务，培养从政的出家人。这个经院教育制度并不是简单地推荐某个人到政府从政，真正有章可循、形成教学体系、有学阶的制度是格鲁派的创造；其他教派还没有形成体系，他们有老师，有教学，但仍停留在原来的家庭传授和私人传授的状态。这种制度完善于格鲁派占主流地位之后。

在西藏，政教合一形成后，就是某一教派掌权，比如像格鲁派掌权，达赖、班禅就既是宗教的领袖，又是政府的头头，宗教绝对为政治服务，政治绝对利用宗教，别的教派就不可能分权。为了社会的安定，为了团结，为了宗教内部的沟通，当然格鲁派会对别的教派给予一定程度的宽容，也有一定的安排，但整个政权掌握在格鲁派的手中。

地方官僧俗并用

全西藏有若干宗、谿卡。西藏噶厦政府下设若干宗，一个宗相当于现在一个县，县里有谿卡。现在西藏有七十二个县，当时也大致是这个规模。宗的头人是宗本，即地方官，一定有两个，一僧一俗，一个出家人，一个在家人，僧俗并用，叫做政教合一。在家人当然是贵族，这是绝对的，在封建农奴社会，只有贵族才能够出去做官。僧人稍微好一点，有些是贵族，有些不是贵族。感觉僧人有出路，出家就有可能爬到社会的上层，因而吸引了许多人走出家这条路。封建农奴制度的时候，整个西藏大约有二百多家贵族，大贵族二十家，特大贵族十二家，这二百多家大大小小的贵族分领了西藏地方政府的噶伦，或者各个局里的负责人，以及各个宗的宗本。

其实政教合一、僧俗并用的制度早就有，但没有完善。元朝的时候，八思巴受元世祖忽必烈的委托，在中央设立宣政院，当时也规定僧俗并用，宣政院里既有僧人也有俗人，但僧官如何产生，只能凭喜欢，我认识他，熟悉他，就让他去，许多官员的产生有很多偶然性。到格鲁派掌权后，就利用这几所大的寺庙承担了培养僧官的任务。

封建农奴制

封建农奴主的“谿卡”，汉语翻译成“庄园”。欧洲中世纪社会也是庄园制。美国第三任总统杰弗逊也是个庄园主，他家就是个庄园，现在还保存着。他家里有二百多个奴隶，有养马的、酿酒的、采蜂蜜的，等等，他本人是个奴隶主，他住在庄园里高的建筑里，有黑人奴隶为他服务，奴隶们有几所小房子分布在周围，什么时候需要，什么时候就唤来。

西藏的农奴制比奴隶制向前走了一步，这些农奴可以有家庭，可以分得农奴主的一份地来种，但有个任务，要替奴隶主集体生产公田，奴隶主是不劳动的。最好的时间、最好的气候、灌溉时最好的水……要先给奴隶主生产服务，这是无偿的。然后剩下的时间再自己搞生产，这份土地所得归他们自己，使他们有一点生活来源、生活乐趣，有劳动所得；当然还有其他的义务。这样就组成一个庄园。这个庄园内部，怎么分配，由农奴主安排，由封建农奴制社会的政教合一政体安排。农奴或奴隶成为这个庄园的人，不能乱动，逃跑是要被抓的。管理“宗”和“谿卡”的，要僧俗并用，俗人就是贵族，世袭的贵族，但可能他的文化程度不行，相应地就在政教合一政体里补救，就让有知识有文化的出家人来补救这种情况。这个出家人在寺庙里学习过，经过考试，可能在某一级，或者有个格西学位，受人尊敬，到宗或谿卡里来担任僧官，这样的僧官可能比贵族更受欢迎。

政教合一政体，在封建农奴制度下是一个演进，这就是经院教育建立的基础。经院教育是在15、16世纪，或更晚一些时候确立的。几所大的寺庙如甘丹寺、色拉寺、哲蚌寺、扎什伦布寺等逐渐形成中心教育场所，形成自己的体系。

寺庙的招生不仅仅限于拉萨、日喀则等大城市，也有很多农村来的人，特别是农村的富裕农户，这样吸收的人比较广泛。一般的穷人很难脱离生产到寺庙里来，虽有个别是逃亡的农奴、奴隶跑到寺庙躲差，但一旦被主人发现还是要被抓回去的，寺庙也无法保护逃亡的农奴。

从农村来的人往往是农村里比较富裕的家族。藏族社会分成两大类：一类是农奴主阶级或他的代理人。一类是劳动者，主要是差巴，即支差的人，租用农奴主土地的人；再下来是“堆穷”，即烟火小户人家，往往是逃亡户或者从差巴里分出来的。

西藏在很长时间内实行的兄弟共妻制就与封建农奴制有密切的关系，为了减轻家庭负担，为了家庭团结，为了经济利益完整，集中成一户，不分家，一个女主人主持家务。

现在共妻制几乎不存在了，听说最近有点回潮，在牧区有些人还留恋共妻制，说这有利于家族团结。

摆脱贫困的唯一机会：进庙

经院教育制度的产生与这些也有密切关系，一些为了摆脱家庭贫困状态、希望到寺庙里寻求发展以摆脱贫民状态的人，要进一步升到社会更高一级的地位，唯一的机会只有“进庙”。

较为富裕的差巴家庭就在几弟兄中选取一个聪明的、能读书的人进寺庙，给寺庙里修间房子，在寺里保持他家庭的一间房，每次派一个人来，都住在这间房里。由于寺庙里只供茶，在寺庙学习的人就要两三个月回一趟家取粮食，同时参加家庭的农业劳动。这一点说明藏族的寺庙、出家人和社会有密切的关系。因为这些人了解寺庙的情况，回到农村，从农村又带来新信息回到寺庙，经济上没有隔断家庭的支持，还有家庭对他的期望。

这和汉地完全不同，汉地出家人无家，家是火宅，不能回去，而且连原来的姓也没有了，那姓什么？出家人姓释，取一个法名，和原来的家庭毫无关系，并且基本上不允许、也不可能和家庭发生联系。这和藏区对宗教的态度是不一样的，藏族社会的寺庙和若干家庭保持千丝万缕的联系，从家庭带来社会信息到寺庙，也将从寺庙里学习的知识带回农村，这是僧人的作用。

进入寺庙的时候，一个家庭选择某个寺庙有一定的历史原因，一个家庭或曾捐过钱，或曾参与寺庙的建设，或与寺庙有联系，寺庙认他是施主，他才可以在寺庙里建一间房，尤其在几个大庙中这样的情形很多。

除了大庙以外，各地有很多小庙。藏族地区有一万八千多所寺庙，大大小小，很多城镇村落都有寺庙。这些寺庙建成后也吸收学生学习，当然学习体系不像大寺那么完整，但是可以作为初级的僧侣教育的地方，可以学认字、学念经，然后再到大庙里去深造。这就使藏族社会完全地纳入封建农奴制的政教合一的政体中来，这一政体使僧侣教育制度完整无缺地为政治服务，一直服务若干年。

寺庙里也有离经叛道的人

当然寺庙里也有离经叛道的人，认为寺庙的教育太沉闷，接受新思想以后就不再满足于过去的传统。如安多地区的更敦群培，是当代很有名的思想家，他在哲蚌寺学习，文化水平极高，辩才无碍，有超前的思想，居然被认为是“疯子”。后来他到印度去了，住了十多年。他看出了僧侣教育制度的毛病，提出很多意见，没人听，他就变得放荡不羁，后来被流放，回到拉萨后又被关起来了，出来后就私人开馆教学，有很多人投奔他。他后来还俗了，还结了婚，并且有不止一个女朋友，因为他是放荡的，根本不在乎，甚至还写了一本书叫《性欲论》。西方人对此感兴趣，有些学者将之翻译成英文，并加以解说，台湾又有人将之翻译成汉文。

他没有取得格西学位，因为他没钱。想取得格西学位，首先要放布施，比如在哲蚌寺，就要给全寺庙七千多人熬茶，还要捐给寺庙若干礼品，他付不起。另外还有好几位很有学问，辩论也取得胜利，完全有资格取得格西学位但都没有取得格西学位的僧人，就是因为没钱。这个制度产生的流弊使它走到了自己的反面。

三、进庙学习：经院教育的教学方式

藏传佛教的最高学位：格西

现代教育制度培养出的人才是学习经济、历史、医学、工程、法律等现代科学知识的，这在传统的经院教育的寺院里是不可能的，它的目标是培养格西（dge-bshes）。格西是佛学的最高学位，也就是藏传佛教的最高学位。“格西”，汉语翻译得很清楚，古代汉语翻译成“善知识”。格西学位的攻读和辩论考试过程，有一系列的设计。格西学位的等级、教学方法、课程的设置是怎么样的？这一点是藏传佛教的特殊发明。

现在的藏区教育有两个途径：有相当一部分人是按现在的教育体系走的，进小学、中学、大学、考研究生、出国留学，这是现在流行的教育制度，也是政府鼓励的；另外一些人出家，到寺庙里学习，学藏文，进入经院教育体系，考格西学位，成为佛教学者，或寺庙主持人，这个体系里现在产生了新的情况，现代教育和寺院教育开始结合起来。

培训年轻活佛和高级僧侣的学校

刚才讲的教育，是针对一般的僧人。以前，经院教育能给穷苦的人、贫民提供一个晋升到上层社会的机会，所以很多平民到寺庙里去学习，想争取到一定的社会地位。假若是贵族子弟或转世活佛，就用不着挤，他本身就是贵族，贵族子弟到寺庙里也是贵族，僧官里也有很多贵族。拉萨过去有所有名的僧官学校（rtse-slob-grva），在布达拉宫内东侧，从这里学习出来的人就成为僧侣贵族。

最近若干年来，很多年轻活佛担任公职，并主持寺务，但藏文、经典都不太好。由于这批活佛很小的时候就成为活佛，在县里、省里担任公职，不在乎学习不学习，所以佛教知识很浅薄。十世班禅大师经过视察后，说："工人不懂技术，干部不懂政策，活佛不懂宗教，太可笑了"，就决定对年轻一辈活佛进行培训。在北京设立了一所学校，叫"藏语系高级佛学院"，设在安定门外西黄寺，院长是第十世班禅，就专门为了培训年轻活佛和高级僧侣，至今已办了好几期培训班。

各地都有佛学院

藏区与内地不同，内地的僧侣教育在二十世纪二、三十年代开辟了新的时代，太虚大师提倡“人间佛教”的时候，就提供了一个很好的构想。

民国初年，有一批维新的人，革命热情很高，希望国家赶快富强起来，兴新学、办学校，培养人才，但一时没那么多房子，就想到利用寺庙，于是提议“庙产兴学”，这是邵爽秋先生提出来的。当时有个错误的认识，认为出家的和尚、尼姑都是寄生虫，不劳动，还生活得很好，占着房子。有不少人响应，支持政府以寺庙办新学，就是要赶走出家人，或让出家人还俗，来办学校。太虚大师为此很着急，带头抗争，二千年的佛教传统要断了，怎么办？他就自己在寺庙内创办了培养僧人的学校，如“武昌佛学院”等佛学教育的场所，在武昌、栖霞、焦山等大寺庙里办僧侣教育的学校，这种学校有佛学教育的课程，也有文化课，这是一个新的体系。到现在为止，北京有中国佛学院，地方上也有许多佛学院，如闽南佛学院等省一级或地方寺庙的佛学院。全国有好几十所佛学教育的学校，这种学校是新的，以前是没有的，至少清朝以前没有。在这以前的僧侣教育，是各个寺庙自己从师，每个寺庙有自己的传统，有不同的宗派，如禅宗、净土宗等，师徒传授。这是内地的变化。

藏区现在也有佛学院，西藏佛学院设在哲蚌寺，尝试着用新的办法来进行佛学教育，想补足传统佛学教育不足的地方。

传统的佛学教育，很小就进庙学习，七八岁的男孩子，在寺庙里就住在自己家里建的房子里，再认一个师父（vjig-rten dge-rgan，音“基登格根”，意为“世间师父”）。刚来的小孩在康村、米村都有师父，早来的师兄也会帮助他初步适应寺庙生活。入寺要举行一个出家的仪式，成为沙弥，藏语叫“格粗”（dge-tshul）。出家了，接受戒律了，主要任务就是读书，学习文字，叫“贝恰娃”（dpe-cha-ba），“贝恰”之意就是“书”；“贝恰娃”就是“读书人”。这样就进入了寺庙里读书认字人的队伍，这在农村和原来的家族是办不到的。这就给他提供第一个机会，学习文字，认识藏文了，然后学习常用的经文。

“一日为师、终身为父”的堪布

到后来认识了扎仓的堪布——学院的院长，高级的僧人，扎仓堪布（grwa-tshang mkhan-po）和进入寺庙的学生逐步熟悉，结成了师徒关系。扎仓堪布对他起决定性的作用，将来推荐他，或分配班次，分到哪个班，怎么学习、检查、考勤等，相当重要，堪布有“一日为师、终身为父”的地位。堪布（mkhan-po）也是寺庙里的管理人、负责人，整个寺庙的堪布是方丈。

立宗辩论

对学员来说十分难得的是要有个机会，到了一定的程度参加答辩。藏传佛教的学习方法有个很好的制度——对经论进行辩难的制度，某一个高年级学生对某一部经念得很熟了，可以就某几个主题立下题目，别人质问他，他回答，再问再答，进行答辩，多次往复的答辩，道理就讲得很清楚了。可以就解脱、入世、出世和生命、灵魂等道理辩论，也可以就一个小题目立宗辩论。辩论的地点叫法苑，高年级的学生进行辩论，低年级的学生可以旁听，这种辩论为后来的人提供了很好的见习机会。我认为到现在为止这仍是一种很好的教学方法，不只是会背诵、不甚理解，还要活学活用，能提出问题。

四、共同的教材：经院教育的教学内容

第一部教材讲唯识

经院教育有共同的教材，第一部书是《现观庄严论》（mngon-par-rtogs-pavi-rgyan），是讲唯识的书。唯识是讲解脱的，唯识学是佛学的基础，如《心经》，对事物的本质进行解释。人生在茫茫苦海中，如何能得到解脱，到达彼岸？要有智慧才能到达彼岸。智慧这个词汉语很难翻译，“般若”是梵文音译，不是意译，因为它有很复杂的意思，智慧不等于知识；藏语译成“协饶”（shes-rab），特指高等的、特殊的智慧。比如茶杯，是个容器，可以用来喝水解渴，是由土加水捏成模型然后加热制成的，这些都是关于茶杯的知识。那么茶杯最本质的东西是什么？是毁灭。世界上一切物质都是要毁灭的。再如北京的定陵，万历皇帝修了几十年，因为怕后人挖掘，他处死了所有的工人，但定陵最后还是逃脱不了毁灭的命运。智慧的本质就是要看到

事物的最根本的东西。这部书是讲唯识，对事物的本质进行解释。

第二部教材讲因明

第二部是《量释论》（tshad-ma-rnam-vgrel）。量，意为“标准”。《量释论》是讲佛家逻辑学的，讲关于标准的，要按照佛教的道理、佛家的体系来理解。这个体系就从这儿开始学习。“才玛”（tshad-ma），汉语翻译成“因明”，即佛家逻辑学或佛教逻辑学。既然到寺庙里来读佛教的书，就要按照佛教的逻辑来理解，假若按世间的逻辑就会读不下去。逻辑是具有一定思辨性的，不是强迫接受的，是按照思维的轨迹走，必然这样理解，必然走这条路。藏族在这方面的造诣非常了不起，讲“才玛”的书，印度最后一位佛教大师法称（曲扎）著有《因明七论》——七本书，藏文全部翻译了，但汉文没译。

汉文可以说把显教佛经翻译得差不多了。当佛教传入我国内地时，从北朝前期就有人从事梵文翻译，但是很奇怪，他们怎么会懂梵文？是否是从西域或印度来的移民？我们的祖先为探索外来的思想和知识真是煞费苦心。经过若干代佛学家的努力，基本上将梵文的显教佛经全部翻译了，后来结集成《大藏经》，经、律、论三藏。佛亲口所说，是经；佛弟子和后来学者的解释是论；律是佛教僧团的规矩，举例解释是律例，律条和律例合成律。经、律、论总称“三藏”，三藏兼通的就称为“三藏法师”，如唐三藏。

关于“才玛”，汉族翻译了一些早期的因明著作，到了因明学的晚期，法称有很多的发展和解释，著了《因明七论》，没有汉文本，但全部被译成了藏文。藏文为什么受到国际重视，原因之一就是有些印度的梵文原典由于战争、气候原因等毁灭了，失传了，但在藏文经典中保存了。日本京都大学和奥地利维也纳大学合作举办了“国际因明学会”。这个协会只有二三十个人，任务就是把藏文的因明学著作还原为梵文，还原完一章就是一篇论文，其中有很多人取得了博士学位。

拉萨西南德哇坚（bde-ba-can）寺是专门教因明的地方。这个庙不大，但是有传统，宗喀巴大师就在这里学习过，也在这里参加过辩论，还不止一次。他的弟子们出于这个地方的也很多。可能藏区早期的经院教育里有一条，要选最好的学校去学习，进行答辩，就在德哇坚寺。

第三部教材讲“中庸之道”

第三部学《入中论》（dbu-ma-la vjug-pa）。佛教辩论分唯识和中观两大派。中论就是首先要防止两种偏见，既不是绝对地排斥现代知识，也不是绝对地顺从现代知识，即中庸之道。中观派对世界的成因，人、宇宙和世界的关系等提出了自己的看法。中观派六部重要的书之一就是《入中论》。在藏区奉行中观的有两大派，自续派和应成派，宗喀巴大师奉行的就是应成派。

假若学两种就觉得差不多了，可以回去到小寺庙里当个住持；或者离开寺院，回家了，还俗做个教师，教人学习藏文和佛学的基本知识。真正继续念下去的很辛苦。

第四部教材讲戒律

第四部就学戒律（vdul-ba）。为什么要学戒律？这是宗喀巴大师提倡的，因为他觉得藏传佛教发生严重的危机，就是因为出家人不守戒，使得佛教在社会上声名狼藉、站不住脚，引起了思想上的混乱。社会上对宗教有种种议论，对宗教发展不利，他就要求出家人奉行戒律。释迦牟尼在世时就知道这是个问题，僧团是个团体，团体生活不是个人行为，必须有纪律。现今世界中，大的社会团体，如军队、学校，军人必须守军纪，学生必须遵校规，出家人更要守宗教规矩，和一般的群体不一样，要求要更高。释迦牟尼在世时就说过，他在世时以他的行为为师，他的一言一行、一举一动是弟子们学习的榜样；他不在了，则以戒为师。这个教导早就有了，因此就把持戒这一项列为必修的课程。

关于戒律的书很多，这些书对宗教、社会生活各方面都有很大影响。举个例子，每年夏季有个活动，叫“坐夏”（dbyar-gnas），夏天的三个月，僧人呆在庙里不能出去。因为当时在印度，夏天雨水多，虫子多，害怕出家人出去踩死虫子杀生；还有一种说法，是为了要整顿僧团，自我反省，开展批评与自我批评，对照戒律，看看自己做得怎么样，叫“自恣”，就是要进行自我检查，终了时批评与自我批评的材料要烧掉，不能公布，害怕有人断章取义攻击佛教。在“自恣”当中有个故事，古代印度的出家人没有厨房，到吃饭时就沿门托钵乞食，由人家供养僧人，给什么吃什么，所以僧人完全

戒律：梵文为“Vinaya”，汉音译为“毗奈耶”，意译为“律”或“灭”，藏译为“vdul-ba”（音“杜瓦”），具有调伏、灭、善治等涵义。严格地讲，佛教的戒与律是有区别的。戒指佛教为出家和在家信徒制定的戒规，一般分“止持戒”（防非止恶的各种戒）和“作持戒”（奉行众善的戒）两大类。律是指专为出家的比丘、比丘尼所制定的禁戒。但戒、律往往连用，泛指为出家、在家一切信徒制定的戒规。

在汉文《大藏经》中，专门有“律”部，但藏文《大藏经》中，有关律的经典分别收入《甘珠尔》、《丹珠尔》中，其中佛所说的律经收入《甘珠尔》，后人对律经的阐释、注疏收入《丹珠尔》。吐蕃时期已经将很多律经译为藏文，如《律经根本律》（vdul-ba-mdo-rtsa），《根本萨婆多部律摄》（全名《别解脱注释律摄》，vdul-ba bsdus-pa），《根本说一切有部毗奈耶颂·花鬘》（vdul-ba-me-tog-phreng-rgyud）等；后弘期阿底峡入藏，重申正统的戒律；15世纪宗喀巴实行宗教改革，以戒律为根本，宣讲《菩萨戒品》、《事师五十颂》、《密宗十四根本戒》等戒律，其他学者也对律经做了大量注疏，如《三毗奈耶事仪轨》（vdul-ba gzhi-gsum cho-ga，扎巴坚赞著），《毗奈耶经广因缘集》（vdul-ba gleng-vbum-chen-mo，一世达赖著本，扎巴坚赞著本），《律经释日光论》（措那哇著），《比丘戒释》（宗喀巴大师著），《律部大释》（一世嘉木样活佛著），等等。藏文《大藏经》中大量的律经文献，说明了藏传佛教对律的重视，尤其在后弘期，佛教戒律成为藏传佛教流行地区僧俗共同遵守的道德秩序，在宗教界和社会中产生了巨大影响。

不吃荤也不可能。由于是手接手递托钵，就发生了一个问题，有个僧人讲，老想着白天托钵接饭食的时候看到的女主人的玉手。这件事情的产生是制度的问题，不该用手托钵去接饭食，后来乞食的时候，就将饭钵放在台子上。所以戒律的产生有个过程，是逐步完善的。藏区对根本戒律的学习是很早就有的。

第五部教材讲宇宙观

第五部要学习的书是《俱舍论》（mngon-pa-mdzod），就是讲宇宙观的。原来认为这是小乘的（经典），但现在也要学。

五、四级考试：经院教育的学位设置

四级学位

五部经都学通了，可以辩论了，就要进行学位考试。学位考试分几级，第一级的先在扎仓里考试，学位是林赛格西（gling-sel dge-bshes）；第二级是在扎仓内部由堪布主持，和高年级的同学在一起进行辩论，取得学位，叫多然巴格西（rdo-ram-pa dge-bshes）；再高一级的是推荐几位在全寺庙里进行辩论，取得的学位是措然巴格西（tshogs-ram-pa dge-bshes）；最高一级的学位是拉然巴格西（lha-ram-pa dge-bshes），在拉萨举行莫朗钦莫（smon-

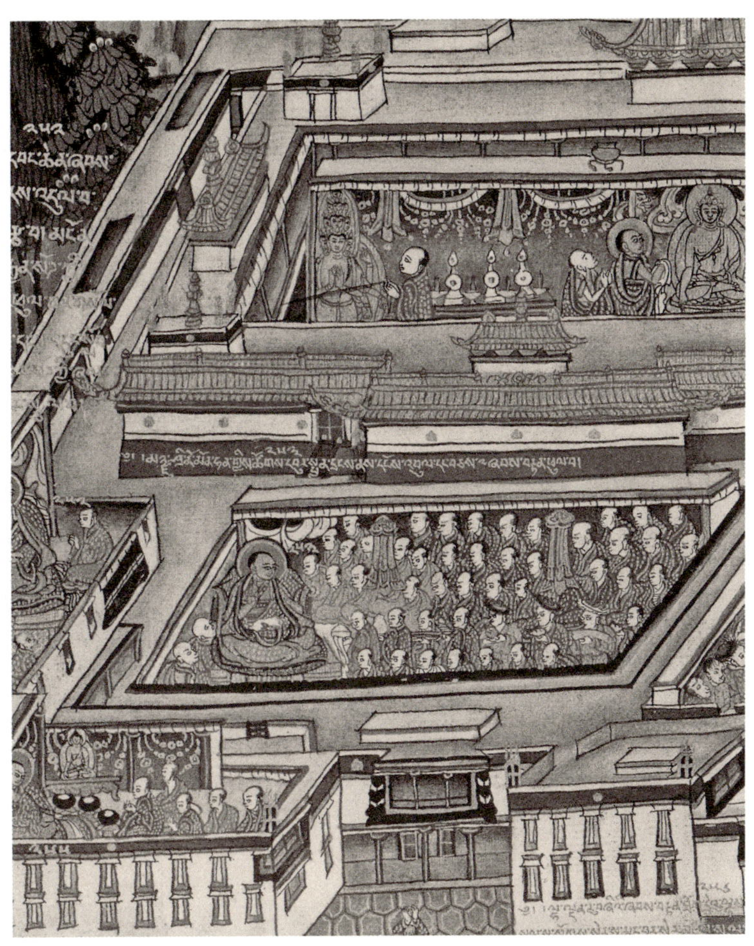

祈愿法会图（清，布画唐卡）

lam chen-mo，即传召大法会）时考试。

宗喀巴大师最初于1409年举行传召大法会，是为了团结格鲁派的僧众，宣传格鲁派。后来的传召大法会增加了一个项目，就是在这个大会上进行辩论，并在会议期间举行格西考试。全体与会僧众达到十万人，会议期间拉萨市政归僧人管。在这个大会上辩论可以取得最高格西学位——拉然巴格西，或叫头等格西，每次最多只有几个人可以取得。取得最高学位的人有可能进入甘丹寺的东院、北院担任座主（khri-pa，音译“墀巴”）。

僧人的最高愿望

一个僧人从小学经，经过三十多年，还要进上、下两个密修院学密教，然后进入甘丹寺的东院、北院担任堪布，能到达这一地位的僧人都在七十岁以上，真是“皓首穷经”。僧人最高的愿望是成为拉然巴格西，然后再逐步晋升为甘丹寺的东院、北院座主，然后到达宝塔的顶端——甘丹墀巴（dgav-ldan-khri-pa），当达赖喇嘛不在的时候他可以充当摄政，可以管理整个格鲁派寺庙的事务。

极少数人能够到达宝塔的顶端，成为甘丹墀巴；大多数人取得格西学位后，就从事佛学研究。

前些年，中央民族学院请了一位拉然巴格西——东嘎仁波切来讲学。他受过严格的经学教育的全过程，1997年去世后他的手稿被整理出版为《东嘎藏学大辞典》，是关于藏族文化的百科全书，现在正组织人翻译成汉文本。东嘎先生1986年参加德国慕尼黑召开的第四届国际藏学会，讲藏文起源问题。会间休息时他说，大家可以就藏学问他任何问题，可见他学识的渊博。他造就了一批学生，培养了一大批藏学家，如中国藏学中心总干事拉巴平措就是东嘎的学生，当过西藏自治区的副主席。东嘎仁波切非常佩服马克思的平等思想。他著有《论西藏的政教合一制度》，出版后一年中同时有三种汉文译本，可见受欢迎的程度。

第五讲

藏文《大藏经》

一、多语种、多译本：佛经的翻译

“你们用自己的语言来宣传佛教”

佛教是很注意宣传的宗教，据《毗尼母经》讲，释迦牟尼曾亲自对弟子们说：“你们用自己的语言来宣传佛教。”我们知道印度是一个多民族多语言的国家，释迦牟尼本人生活在摩揭陀国，但前来听经和向外传法的人来自不同的地区，在语言上差别很大，为适应这种情况，所以需要用多种语言讲法。玄奘法师、义净法师公元7世纪在印度留学的时候，就知道印度有多种语言，所以当时在传播佛教教义时必须通过多种语言传播。在印度本土传教的法师将佛经译成多种语言，像现在还有巴利文佛经，还有向东南亚传播的，有泰国文字的、柬埔寨文字的佛经。

大乘佛教向北传播过程中首先传播到中国的汉地，在没有翻译的时候人们很难理解佛教，对佛教产生过一些误会。印度法师来我国传法，中国有人学习了梵文，就能和法师们沟通了，后来逐步地有人翻译，所以传播的过程是翻译的过程，也是学习的过程，这个过程比较长。有的同一部经有好几部译本，因为开始只是初步地翻译，翻译得比较生硬，翻译得不够准确，有些语词没有表达出来，后来有人认为应该进一步整理，就重新翻译，后来有些人懂汉语又懂梵语，——最著名的是鸠摩罗什，他是西域于阗国人，——使译文有很了大提高。

多语种佛经

在佛经传入中国后有多种译本，除了有汉文《大藏经》、藏文《大藏经》，还有西夏文《大藏经》。西夏人当时在西北宁夏和甘肃、内蒙古地区建立了西夏国。西夏国的民族以党项族为主，它立国不久就开始翻译佛经，不是从梵文直接翻译的，而是从汉文、藏文两个方面来翻译的，既有从宋朝派来的译师将汉文经典译成西夏文，又有从西藏请来的法师，特别是噶玛噶举派的法师来银川（西夏国的首都）翻译，结集成西夏文《大藏经》。西夏文字母是根据汉字偏旁来创造拼音符号，我们一看似乎都认识，但其实一个字也不认识。现在国内懂西夏文的人不多，但西夏文《大藏经》还是部分留下来了。

还有蒙文《大藏经》，纯粹是从藏文翻译的。

还有现在逐渐被重视的满文《大藏经》。满文是根据蒙文的字母创造的，而蒙文是根据回鹘文创造的。满文字母创造以后在满族中普遍使用，满族人关建立清朝以后曾大力推广。满族利用皇帝的权威征集了一些佛教学者来翻译佛经，满文《大藏经》的《甘珠尔》、《丹珠尔》都是从藏文翻译的，因为少数民族间的文字比较接近，翻译起来方便一些，这是有利的条件。满文《大藏经》受到朝廷的支持，有特别豪华的刻本，西藏布达拉宫七世达赖灵塔殿中供养着一部满文《大藏经》，朱字印制，封面用硬木刻成，金条镶边，玛瑙、珍珠点缀，是康熙和雍正时送给七世达赖喇嘛的。原先在承德有一部完整的，日本1931年占领东北后，有识之士担心日本占领热河后满文《大藏经》将无法保存，当时在北平图书馆工作的于道泉教授主动请缨，到承德调查情况，想将它运回，但热河很快就沦陷了，大家都担心他的安全，后来他转道山西回到北京。那一部满文《大藏经》却被日本人运到东京据为己有。二战将结束时，东京受到盟军飞机轰炸毁坏，大家哀叹满文《大藏经》从此绝迹了。然而后来在布达拉宫见到了一部，又在故宫发现了两部满文《大藏经》。

此外，还有部分少数民族古文字的佛经翻译。新疆古代回鹘人当时建立起的一些小邦都是信仰佛教的，现在在新疆可以看到吐鲁番千佛洞、克孜尔千佛洞等很多佛教遗址，说明在隋、唐或晋时，佛教是经过新疆向内地传播的，许多佛教大师是新疆人。有回鹘文、于阗文的部分佛经，这些文字的样品曾参加了在北京举办的中国少数民族古文字展览，其他参展的还有东巴文、古代彝文等若干少数民族古文字。还有傣文的佛经，云南西双版纳和德宏地区盛行南传佛教，此地有一些从泰国等地传入的小乘经典，如《清净道论》。

我们学习佛教思想史的人不能忘记，中国是多民族的国家，多元文化中佛教是经过多民族引进的，长期以来许多民族分别接受了佛教，并翻译了佛经，其中最成系统的是汉文《大藏经》和藏文《大藏经》。

二、二分法：藏文《大藏经》

汉文《大藏经》与藏文《大藏经》的区别

藏文《大藏经》与汉文《大藏经》都是佛教经典，但也有不同之处。

汉文《大藏经》中除了有翻译的佛教经典，还有一部分中国人自己创作的佛教作品、解释、辩论等，都加了进来，叫做“此土撰述”。

藏文《大藏经》的体系和汉文的不一样。藏文《大藏经》分为《甘珠尔》（bkav-vgyur）和《丹珠尔》（bstan- vgyur）两部分，其中《甘珠尔》是指佛亲口所讲，并由弟子们回忆汇集而成的，佛经中有“如是我闻”体的即属此类。其中“甘”（bkav）是“说、言教”的敬语，在藏语中对佛、尊长等常用敬语，敬语的保存不一定是阶级差别，而是尊敬、礼貌，这种情况在汉语中也有。“珠尔”（vgyur）就是“翻译”，就是“变”的意思，也就是变印度梵文为西藏文字。《甘珠尔》也称“bkav-vsyar-ro-cog”，“ro-cog”是“一切”的意思，所以《甘珠尔》是一切经。《丹珠尔》的“丹（bstan）”是“阐述、演绎”之义，《丹珠尔》就是一切论，是佛弟子们或后人对佛所说教义的阐释。现代西方人简称藏文《大藏经》为“Tibetan Canon”。

藏文《大藏经》的二分法和汉文《大藏经》经、律、论的三分法有差别，可以用一个表来说明：

<table>
<tr><td rowspan="2">大藏经</td><td>汉文</td><td colspan="2">经</td><td colspan="2">律</td><td colspan="2">论</td></tr>
<tr><td>藏文</td><td colspan="3">甘珠尔</td><td colspan="3">丹珠尔</td></tr>
</table>

经、律、论皆通的就是三藏法师

经、律、论总称三藏，“藏”是“收藏”、“保存”之义，最初的意思是“筐子”，因古人读书时将三藏分置在不同的筐子中。一个法师如果三藏皆通，就被称为三藏法师。如果精通三藏中的某一部分则或称经师，或称律师，或称论师。大家所熟悉的弘一法师即是律师。对唯识、中观等的理论非常精通、非常雄辩的法师则被称为论师。有些人对某一部经非常熟悉、精通，就叫经师。假如经、律、论皆通，就是三藏法师，玄奘就是这样的法师，藏语称他为“唐僧喇嘛”。汉文《大藏经》为什么分三类呢？因为它将“律”专门立为一部。西藏人则认为，律条既然是佛所说，就应列入《甘珠尔》，后人所加的一些律例等则应归入《丹珠尔》。

萨迦南寺藏金汁《甘珠尔》

汉文《大藏经》和藏文《大藏经》对于佛教的贡献是无与伦比的，现代西方有许多人想学习了解佛教，汉文和藏文两种文字是必须学习的。西方现在学习佛教的人有许多是汉、藏文兼通的，因为这两种文字可以相互补充，加深理解。

总的说来，显教部分是汉、藏两种文字的《大藏经》中都有的，相互也是差不多的，但汉文《大藏经》中密教内容诸如仪轨、密咒等很少，而藏文《大藏经》中则有大量的密教内容。这是因为佛教传入西藏时，正赶上密教兴起，佛教为了适应大众，不得不放弃高深的理论讨论，而向印度教靠拢，采纳了其中的密教部分。

藏文《大藏经》的结集始于何时呢？这是个长期的积累过程。首先得有藏文，没有文字就谈不上翻译。

三、伟大的创举：藏文的创造与佛经的藏译

吞弥桑布扎创造了藏文

据说，藏文是公元7世纪时由吞弥桑布扎创造的，他受藏王派遣，去印度学习，同去十六人，回来只他一个人。回来后，他将梵文字母结合藏语实际创造了藏文。我们现在可以肯定地说，藏文字母是用梵文字母形状进行排列，结合藏语语音实际而创造的。藏文是拼音文字，一开始就和汉字走了不同的路子。我们知道，汉文是从甲骨文开始的，走的是象形的路子。藏文由于是拼音文字，所以我们还可以从现在留存的古代文献中，看出当时的语音的实际情况，这实在是伟大的创举。

我们现在的语言学界，有人在致力于构拟古代汉藏语，在这方面，古藏语可以发挥很大的作用。有个“国际汉藏语协会”，每年开一次会，现在开到第三十几次了，中心任务就是要弄清古代汉藏语的情况，如今找到了借助古藏语模拟古代汉藏语的方法。

在藏文的发展过程中，不同地区在拼读方面的变化是不一样的，于是产生了不同地区的方言。如，“八”（brgyad），现在马尔康一带嘉绒人将每个字母都读出来；“百”（brgya）、“头发”（skra）等词也是如此。拉萨话则与此不同，将几个辅音字母切出一个音来读。不同地区的读音虽不同，但还原成古藏文则是一样的，文字是超方言的。我曾经为一个“眼”字写

过一篇文章，该词有“dmyig”、“myig”、“mig”三种形式，“dmyig”见于敦煌卷子，是古藏文语词，现在安多藏语中还在用它；吐蕃后期藏文改革，前加字“da”减掉了，变成“myig”；而现代拉萨方言中就用“mig”。这个词的演化形象地说明了不同地区的藏语发展过程。研究藏传佛教、阅读藏文《大藏经》有助于解决这些问题。

吞弥桑布扎的“吞弥”是其姓氏，意思是“吞家的人”，现在拉萨西边尼木县还有一个叫吞巴的地方，大概就是他的家乡。“桑布扎”是印度人对他的称呼，其中“桑”是“好”的意思；“布扎”（bod）指“西藏人”。“吞弥桑布扎”意思是“吞家的好藏人”。吞弥桑布扎是西藏的翻译家、教育家、语言学家，现在西藏社科院院内就有他的塑像。有些学者，尤其是日本学者认为，从语言的创造到应用有个长期的过程，吞弥创造藏文后马上就能译佛经不太可能，藏文应是由藏族先人创造的，然后由吞弥将它完善、规范。但很多藏族人士不同意这种观点。

据传吞弥有八部文法著作，现在留存的还有两部。据载他当时就翻译了几部经，其中包括《宝箧经》、《十善经》、《十万颂般若经》等。《十万颂般若经》是否当时所译现在还难以确定。《般若经》（The Praj-pramit sutra）在藏区流传不是简单的事，“般若”（Praj），是“智慧”的意思；“波罗蜜多”（Pramit），是“到彼岸”的意思。这种学问一传入藏区，就引起了人们极大的兴趣。我们知道，《般若经》有八千颂、二万五千颂和十万颂等。据《贤者喜宴》记载，吞弥翻译了《十万颂般若经》，但我们现在见到的译本是别人完成的。

佛教的辩论

敦煌汉文卷子中，伯希和收藏的第4646号和斯坦因收藏的第2672号内容相同，即《顿悟大乘正理决》。这一文献极其重要，其中记载了一个唐朝和尚到拉萨传法的情况。当时汉地佛教已经很成熟了，建立了很多宗派，吐蕃就邀请内地和尚到藏地传教，每年派两个，两年一换，这都有记载。这位和尚叫“摩诃衍”（Mahayana），即“大乘和尚”的意思。当时西藏佛教界分成两个派别，即顿门和渐门。内地去的和尚主张顿悟，认为不需要坐禅，甚至不需要太多的思想，猛一下就可以觉悟，从而明心见性。主张渐悟者认为，必须次第而修才可以达到最终解脱。结果，两派之间进行了辩论。这是我们从敦煌卷子中才知道的。双方用什么语言进行辩论？也许是笔谈。在什么地方辩论的呢？大概在桑耶寺。法国学者戴密微曾写过一本《桑耶寺的诤论》（汉译本叫《吐蕃僧诤记》，耿昇译，甘肃人民出版社出版），讲了这次辩论，其中引用了《顿悟大乘正理决》。里面提到，吐蕃延请婆罗门僧三十人、唐僧摩诃衍等三人，互相进行辩论。可见，从藏文的创立，到解释佛经，再到进行佛教的辩论，中间经历了一百余年。

译经目录

那时，吐蕃王室为了翻译佛经，建立了三个译场，其遗址都在桑耶寺附近，由此也可看出，辩论很有可能是在桑耶寺进行的。三个译场即旁塘宫、青浦宫、丹噶宫。他们各自将已经翻译的佛经名称及著译者登记为一个册子，记录在案，作为一个目录，互相传看，避免重复，我们现在只能看到《丹噶目录》。布顿仁波切当时还看到了其他两部，以后就很少有人见到了。《丹噶目录》记录有二十七类佛经，共计六百七十部。

翻译家当时是很受尊敬的职业，他们留下了许多很重要的东西。其中最出色的有三位大译师，即噶（ka-ba dpal-brtsegs，噶瓦贝则）、属（cog-ro kluvi-rgyal-mtshan，属庐・鲁意坚赞）、尚（zhang ye-shes-sde，尚・益希德），最后一位估计和王室有姻亲关系。他们三位分别领导三个译场，培养了一批翻译家，使藏区的译经事业从此进入了一个健康发展的时期，为后来藏文《大藏经》的结集打下了基础。

四、和玄奘一样了不起：大翻译家管法成

现在给大家介绍一位久被湮没的大翻译家——管法成（vgos-chos-grub，音译“管・却珠”）。他曾长期生活在敦煌地区，精通汉、藏、梵三种文

字。大家都知道玄奘法师，他将印度的文化传译过来，促进了中印的文化交流，使中国人开阔了眼界。中外文化交流，有和没有大不一样，佛教传入中国，丰富了语言、文化。现在如果离开佛教词汇，我们就很可能说话有点困难。比如，“世界”这个词即来自于佛教。

藏族这位和玄奘法师一样作出重大贡献的法师，长期以来被人们忽略了，陈寅恪教授在阅读敦煌佛教文献时发现了他，将他与玄奘法师相提并论，认为他的功劳很了不起。他曾翻译过二十几部经，其中就包括著名的《贤愚经》。这部经没有梵文本，是汉地几位出家人在于阗听印度法师讲经的记录汇集而成，后来藏戏的许多内容即来源于此经。戏剧是用音乐、舞蹈等形式来表演文学内容的一种艺术形式，一个有戏剧的民族才是文化成熟的民族。藏族有戏剧，其戏剧多半是表现佛经故事的，所以佛教的传入，对西藏文化影响至深。另外，《贤愚经》中的故事也表现在壁画上。在丰富藏族语言和文化方面，翻译家们立下了很大功劳。

《解深密经疏》的殊胜因缘

管法成不但将梵文和汉文的经典译成藏文，同时还将一些藏文经典译成了汉文。其实，中华民族的智慧是多民族的智慧集合而成的。我们知道《解深密经》是唯识学的重要经典，当年玄奘法师讲这部经时，他座下有位叫圆测的新罗国法师进行了记录，他记完了，就将记录稿交给玄奘法师，玄奘法师就将它作为圆测的著作，这就是著名的《解深密经疏》，后来失传了，在汉地的人们只闻其名不见其书。但这部经流传到敦煌后，在藏文《大藏经》中却保留了下来，其译者就是管法成。

上世纪初，杨仁山从日本大内图书馆找到了此书汉文本，非常高兴，但后来发现缺了二品，十分可惜。当年陈寅恪希望有人对照藏文将汉文本补足，上世纪80年代初，赵朴初先生请观空法师从藏文译成汉文，将其补足了。

唐朝的玄奘法师从印度请回的一部经，由新罗国的法师在听讲时用汉文记录，再由藏族法师翻译成藏文，汉文本又被日本人请到日本，杨仁山先生从日本取回汉语残本，缺失部分赵朴初先生请人再由藏译汉，形成足本，其中因缘不可谓不殊胜。

管法成还翻译了《金光明经》等经，但他的身世一直不为人所知。日本龙谷大学的上山大峻比较注意此人，认为他是汉人，这是站不住脚的。我们知道，在日喀则地区的扎什伦布寺以北达那地方，即有管氏家族存在，此家族乃吐蕃时期的一个大家族，所以可以肯定管法成是藏族。

五、藏文《大藏经》的版本

随着翻译佛经的增多，藏译佛经结集成《大藏经》的时机成熟了，时在

13世纪，噶当派的法师菊木登日惹（bcom-ldan rig-ral，世尊智剑）和卫巴洛赛（dbus-pa-blo-gsal），他们两位合作在那塘寺收集各地佛经的写本，编辑《甘珠尔》和《丹珠尔》；后来布顿仁波切编辑了一个《丹珠尔目录》，附在其所著《佛教史大宝藏论》中。但更重要、更规范化的写本，是由蔡巴万户长主持编成的《蔡巴甘珠尔》。布顿仁波切校订完成这部《大藏经》后，请至北京民族文化宫的地下图书室专建恒温室保管，后专机运回拉萨，保存在西藏图书馆。后来的那塘版、卓尼版都是据此复刻的。

藏文《大藏经》的第一个刻本

藏文《大藏经》的第一个刻本是明朝永乐九年在南京刻成的，永乐五年将得银协巴请到南京，举行一个大法会，然后就请他主持藏文《大藏经》的修刻，该刻本为铜版蚀刻、朱印，是永乐皇帝为了超度徐妃而刻的。明王朝曾送一套给大慈法王释迦也失，法王将其运回色拉寺，并专门修了甘珠尔拉康（拉康，藏语“lha-khang”的音译，意为“神殿”）。

万历皇帝为了庆祝他母亲的大寿，刻了第二个刻本，即万历版藏文《大藏经》。

第三个刻本是在藏区的中甸——其实是在丽江刻的，请红帽派的噶玛巴却英多吉主持修刻的。这个版后来被蒙古王固始汗抢到了理塘，这就是理塘版。以后还有德格版等很多刻本。

现在用得比较多的“方册本”

北京版藏文《大藏经》，又名嵩祝寺版。清康熙二十二年（1683年）据西藏夏鲁寺写本在北京嵩祝寺刊刻，先刻了《甘珠尔》，雍正二年（1724年）续刻了《丹珠尔》。早期印本大部为朱印，也称赤字版，是清廷官本，刻造、装帧很精良，版型较一般藏经大，每幅夹扉画均为手工绘制。这部刻经后来流失到国外，后由日本大谷大学多田等观主持，于20世纪50年代影印出版了北京版《甘珠尔》、《丹珠尔》全藏，印成一百五十一册方册本，并加入宗喀巴、克珠杰、根敦珠巴师徒三人的著作，即“师徒三人集”，共一百六十六函，现称“方册本”。但中国出的藏文《大藏经》未收入本土人士的著作（仅有一百五十一册）。我们现在用得比较多的就是多田等观主持印的这个版，目录做得很好，刻印精良。

后来还有乌兰巴托版。乌兰巴托有一个很有名的活佛即哲布尊丹巴，蒙古人接受了藏传佛教后，逐步接受了活佛转世制度。哲布尊丹巴是多罗那他的转世。多罗那他是觉囊派祖师，哲学见解和五世达赖相对立，主张“他空见”，他曾写了《印度佛教史》，记载玄奘法师之后的印度佛教史。传说他后来离开西藏去蒙古，在那里圆寂转世，由他传出的哲布尊丹巴活佛体系，后来改宗格鲁派，成为与达赖、班禅、章嘉并称的四大活佛体系之一。

另有拉萨版，是在布达拉宫下面的雪域印经院印成的。日本的河口慧海到拉萨学法，曾带回去一套，现在日本东洋文库存拉萨版藏文《大藏经》就是这个版本。

不丹也有刻本，这是近几年才知道的。不丹是藏族国家，说藏语，系藏语南部方言；加上西部的拉达克方言和中国藏区的三种方言，藏语共有五种方言。

其他还有青海拉加寺版，等等。

最可贵的是，目前设在四川成都郫县的藏文《大藏经》对勘局，他们依据四种版本进行对勘，正在编辑《中华大藏经·藏文部分》，这充分显示了我们中国人对佛教文化和传统的尊重。

藏文《大藏经》（对勘本）出版概况：藏文《大藏经》（对勘本）是由中国藏学研究中心承担的“国家八五哲学和社会科学重点科研项目”和被国家新闻出版署列入“九五”重点出版规划的项目。历时近二十五年、二百余位专家学者先后参与，于2011年5月24日宣告完成。该书由中国藏学出版社出版，共二百三十二卷，其中《甘珠尔》对勘本一百零八部，《丹珠尔》对勘本一百二十四部（含四部目录），定价八万余元。该书是目前国内外最完整、最权威的藏文《大藏经》最新版本，是首次采用现代出版技术手段出版的藏文大型古籍丛书，也是开展藏学研究的宝贵资料。

《中华大藏经》（藏文部分）与2005年任继愈先生主持完成的《中华大藏经》（汉文部分）珠联璧合，形成完备的、世界上独一无二的《中华大藏经》。

第六讲

藏传佛教的名寺、佛教大师及其名作介绍

一、藏传佛教寺院里的宗教人员

这一讲介绍寺庙、高僧大德和他们的一些名作。

寺庙是佛教主要的活动场所。任何一种宗教有三个条件才能成为宗教：第一，有教主，即创办这个教的人，以及职业的宗教人士；第二，有活动场所，在中国的五大宗教都有它们的活动场所。道教有道观，佛教有寺庙，伊斯兰教有清真寺，基督教有教堂，天主教也有教堂；第三，有经典，即宣传教义的理论。三大条件具备才能形成正式的宗教，假若没有活动场所、也没有宗教职业者、教主和这个教的经典，就不能成为宗教。

藏传佛教的寺庙不仅传播佛教的理念，传播释迦牟尼佛的教义、经典，和他对人生宇宙的见解，还有其他的一些功能。在藏区，封建农奴制的政教合一政体给寺庙带来了一系列特殊的功能，宗教的领袖同时也是政治领袖，寺庙的功能就和其他的宗教完全不一样了。比如道教是中国的传统宗教，道教的道观就从来没有像佛教特别是像藏传佛教所具备的这种功能，这种功能

小昭寺大殿

的存在是有其特殊历史原因的。

藏区的早期寺庙没有出家人

佛教传到西藏，经过了相当长时期的磨合。原来有一些殿堂，是个人对佛教有些知识，对佛教理念有些追求，所以修建一个修炼的场所，作为个人修行或家族修行的地方，因为没有宗教职业者，没有出家人，这样的殿堂没有社会功能，不能称为寺庙。藏区的一些早期寺庙，看起来像寺庙，但不能称之为寺庙，比如大昭寺（jo-khang，觉康）和一些与大昭寺同时或稍早建立的殿堂，四方有四个镇魇殿，八方有八个镇魇殿，都是属于同一个类型，是修行的地方。早先大昭寺是尼泊尔的墀尊公主个人出资修建的，没有出家人；而文成公主修建的小昭寺（ra-mo-che），在有了出家人以后，就进驻了出家人，进行传教活动，又有经典的介绍，建立了佛陀形象、菩萨形象，逐渐形成寺庙，这是后来的事情。早期的寺庙没有这样的社会功能，但认为一个对佛教有信仰的人应该有静修的场所，应该供养自己所追求、信念的佛陀或菩萨形象——或画或塑，这种观念已经形成，缺的就是出家人，即佛教职业者。

诵经的领诵者：翁则

藏区有一些宗教职业者的称呼，和内地有些不同。比如堪布（mkhan-po），相当于内地佛教寺庙的方丈，主管寺院或扎仓，由出家人担任。在早期的大昭寺和小昭寺中没有这样的管理人员，后来正式形成寺庙以后才有的。有种僧职人员叫翁则（dbu-mdzad），“翁”，意思是“头”；“则”，是“做、作”的敬语；“翁则”即“诵经的领诵者”，也叫首座。大的法会聚集很多信徒，诵经的有几百人、上千人乃至上万人，声调不一样，音高不一样，就不好听，在寺庙里就要有翁则来领头诵经。翁则可能是男中音，嗓音很好，像浪涛的声音，大家听了以后都觉得就像这样才好，不能太高，不能太低；除定音外，翁则还领诵。一般情况下翁则起这个作用，后来又有发展，措钦翁则要管理寺院大经堂内的各种宗教活动，除了诵经以

藏传佛教寺庙中的主要僧职：

藏传佛教各派中以格鲁派的寺院组织及教育最为严格、系统，以六大寺为例，各大寺院下设扎仓、康村、米村几级机构，各个机构设有相应的职位。

“法台”（墀巴）为全寺最高领导人，下设“喇吉”（bla-spyi，又称“吉索”spyi-gso），是全寺的最高具体管理机构。“喇吉”由全寺各扎仓的堪布等组成，具体僧职及人员有：各扎仓堪布（grwa-tshang mkhan-po），措钦吉索（[tsogs-chen spyi-gso]，二至四人，司财政），措钦协敖（tsogs-chen zhal-ngog，二人，司全寺戒律、僧人名册），措钦翁则（tsogs-chen dbu-mdzad，一人，领诵师，司诵经以及措钦大殿内的宗教活动），强佐（phyag-mdzod）等僧职，以及管理措钦大殿、措钦厨房水火茶和司厨、打更等杂务人员。

外，还要负责举办各种宗教仪轨。

藏传佛教里男女不平等

到后来有了女性出家人——比丘尼。佛教里有一些不平等的现象，对女性有些歧视，有些佛教界的大师们就力图改革这种情况，如台湾佛光山道场，以女性为主，有一千多人，大约百分之九十都是女性，只有百分之十的男众担任体力劳动，或者特殊的原因必须由男性承担的工作。佛光山道场的开山大师星云法师主张发挥女性的潜力，认为女性和男性一样具有在佛教传播方面的能力，甚至比男性更好。佛光山道场在全世界有一百多个道场，如

作为寺院中间机构的扎仓设有：扎仓堪布（学院主持）一人、格贵（dge-bskos，司戒律）一人、翁则一人、雄来巴（gzhung-las-pa，督学、学监，司学经）一人，共四个基本职位，及喇章强佐（bla-brang phyag-mdzod，管理堪布私人财产及扎仓财产）一人。

康村一级的管理机构，管理也实行“委员制”，设：吉根（spyi-rgan，“长老”，康村的首席僧官）一人、欧涅（dngul-gnyer，司财务）四人、拉冈（lag-sgam，负责接待应酬）一人、卡太格根（kha-theg dge-rgan，负责内务、杂役）二人，康村格根（khams-tsan dge-rgan，负责学习生活）二人，巴夏瓦（bar-shar-ba，负责扎厦的纪律）二人等职。

英国，美国洛杉矶、纽约，中国香港等地都有，首领全是比丘尼。佛光山道场以比丘尼为主，很多是有高学位的，我知道最近就有五位比丘尼到中国大陆攻读佛教的博士学位，分别在北京大学、中国人民大学、南京大学、四川大学和兰州大学。星云大师有个理念，认为完全应该男女平等。男女不平等，比如按照佛经的说法，四众的次序是比丘、比丘尼、优婆塞、优婆夷，女性总是在后面，女性的比丘尼见了男性比丘就要起立，就要下拜。他认为这不应该，他说你虽然是个比丘，但你的知识并不如她，那个比丘尼比你强得多，为什么她见你要下拜呢？他提倡男女平等。这在藏传佛教里目前仍是一个比较大的问题，比丘尼在藏区几乎没有什么地位，担任尼寺首座职务者不能叫堪布，只能叫翁则，降了一级。

二、寺庙的发展经过及著名寺庙

前弘期的寺庙：桑耶寺、昌珠寺、扎塘寺、大昭寺、小昭寺

藏区寺庙的发展经过了几个阶段。佛教传入西藏后，公元779年正式建立一座寺庙，寺庙内有出家人，而且有了堪布，这座寺庙就是桑耶寺（bsam-yas）。在建立桑耶寺以前，在各地也分别建有一些道场、殿堂，或者是家族的，或者是个人修行的，或者是团体建立的，就是没有出家人。到第一批七个人出家，叫做“七觉士”（sad-mi-mi-bdun）。他们后来像滚雪球一样带动

了更多的人出家。过去信佛的人苦于没有受戒的机会和条件，有了七个受了戒的出家人以后，像有了种子一样，就可以接受更多的人出家。

第一座寺庙、第一批出家人的出现，像一个浪潮，像一股新风，佛教对于原来的苯教来说，是新的观念，它已不仅仅是鬼神崇拜，也不仅仅是地方神灵崇拜，而是面向社会，讲心灵解脱，讲十二因缘，讲人从生到死的整个过程，讲因果关系。这些新的道理在当时的西藏社会起了一些作用，就有一批人来追求这个信念，想解决人生的问题，因为苦恼在任何社会总是不断的，那个时代也是一样。人人有烦恼，烦恼怎么解决？有各种方案。佛教提出了一个方案，当时的群众觉得有道理，愿意接受，甚至于有些道理是王室和贵族阶层不主张宣传的，可是也宣传开了。比如佛性的问题，讲人人皆有佛性，人人皆可成佛，这是平等的观念，对当时的奴隶社会是个相当大胆的冲击。许多人就奔佛教来了，这样佛教就具有了社会基础。王室提倡佛教，是针对着原来的苯教传统，以及拥护这个传统的古老的贵族。政治层面上可能有这样那样的矛盾，权力的分配上有这样那样的不平衡，所以为了权力的分配，宗教斗争的背后也有政治力量的较量。佛教就在这时得到藏王墀松德赞的支持，建立了第一座寺庙——桑耶寺。

当时建过几座寺庙，桑耶寺是最大的，毁过多次，也修过多次，现在还在，位于雅鲁藏布江北岸。以前从拉萨过去要翻山，路不好走，现在很方便，可以坐船过江。这座寺庙是藏区合乎佛教规范的第一座寺庙，有出家

昌珠寺

人，寂护法师是堪布，莲花生大师是导师。

还有一座寺庙，也是吐蕃时期建立的，可能更古老一点，后来向桑耶寺看齐，由出家人主持，这就是昌珠寺（khra-vbrug）。昌珠寺坐落在山南雅隆地区的中心地带，位于树阴之中。这个寺庙里据说有文成公主当年用过的厨房，有用珍珠串成的唐卡，还有六门六柱殿（ka-drug-sgo-drug），有后期建成的很特别的一层楼的佛殿，叫杂古拉康（rdza-sku lha-khang），是陶瓷

扎塘寺

修成的佛殿，非常精美。昌珠寺以前可能是私人修建的殿堂，桑耶寺建成之后，它向桑耶寺看齐，加以扩建。

在西藏山南扎囊县还有一座扎塘寺，也是比较早期的，寺庙里的壁画很特殊，具有西夏的传统，意大利G・图齐有过论述，北京的张亚莎女士也在她的博士论文中论证这座寺庙的壁画是那个时代的东西。

拉萨之名与山羊有关

与此同时，在拉萨市内的属于私人修行殿堂的，也有了出家人，成为寺庙，就是大昭寺和小昭寺。据说大昭寺是由尼泊尔墀尊公主出资请文成公主设计的。关于大昭寺的传说很多，其中有一个说，拉萨原来是个湖，至少在修大昭寺的地方是个水塘，要把湖填满或将水抽干才能修筑殿堂，墀尊公主就请文成公主算卦，文成公主计划用金属的棍子架起框架，再用土将水塘填满，就可以修筑了。在大昭寺壁画上有这个建筑工程图，是壁画。其中有个泉眼怎么也填不满，土填进去水又冒出来，大家很着急，这时有只山羊，背着土跳下去，就填住了。到现在为止，在藏区山羊是干活的，估计原来在修建大昭寺时山羊也是干活的，某只山羊背土跳下去将泉眼堵住了，水就不出来了，就开始修建大昭寺了。现在大昭寺底层南侧第三个门里面的墙上就有个石羊头，据说摸一摸会给人带来好运，现在被摸得铮亮。这也说明一件事，至少拉萨这个名字与山羊有关。拉萨这个名字是后来的，原来的名字叫逻些。“拉萨”（lha-sa）是根据现代藏语记音的，“拉”（lha），意思是“神”；“萨”（sa），意思是“土”。唐代时汉字记录为“逻些”（ra-sa），当时发音按藏文文献也是“ra-sa”，意思就是“山羊土”。在拉萨流传这个故事不是偶然的。

文成公主带来了释迦牟尼十二岁等身像，原来供养在小昭寺（ra-mo-che）。小昭寺是文成公主在大昭寺北面修建的，“ra-mo”，意思是“母山羊”；“ra-mo-che”，意思是“大的母山羊”。据说当时将这尊像供在小昭寺，第二天它自动地就到大昭寺去了；将它放回去，第二天它又跑到大昭寺了；后来就算了，认为它应该是属于大昭寺的，以致后来人们就认为大昭寺是文成公主修的。这两个庙有出家人了，也就成为正式的寺庙了。这是第一批寺庙。

除此之外，在山南桑耶寺附近，还有嘎迥寺、伍香岛拉康等，当时大概既是佛殿也是佛教大师们的办公处，将来还可以落实这些寺庙到底在什么地方，有无遗迹。

后弘期前期的寺庙：托林寺、杰拉康

第二批寺庙，出现在朗达玛灭法、佛教受到严重挫折以后。公元11世纪时，藏区请来了阿底峡，佛教得到了复兴的机会，这一时期叫后弘期。阿底峡从印度来，就住在西藏阿里地区的托林寺（mtho-lding）。托林寺也是个古庙，这时候已得到复兴的机会。与它同时，前藏还有杰拉康（rgyal-lha-khang），位于拉萨北面澎波农场再往北，原来是“伍如”地区的重要寺庙，曾经有一通石碑，是那囊家族立的，记录了这个庙的情况，石碑大概在11～12世纪之间立的。最近发现了这通石碑。在蒙古成吉思汗时代，有一支蒙古兵到了拉萨北约三百公里的杰拉康，在杰拉康制造了一次很重大的、造成整个藏区震惊的流血事件，这个寺庙被烧毁了，但这个地方有些遗址很值

得探索。这是后弘期前期就有的寺庙。

后弘期中期的寺庙：萨迦寺、楚布寺、八蚌寺、止贡寺、彭措林寺、更庆寺、白居寺

到后弘期中期，寺庙就很多了，前面介绍过，经过阿底峡大师弘传戒律，建立了噶当派；还有鲁梅等十人到安多地区，接受汉地佛教的教义，叫做下路弘法；然后两地会合，又有很多人出家，有规范的出家规矩，也有些经典，能推举出寺庙负责人，这样就建立了一批寺庙。

当然建立的时候各地方条件不同，如萨迦寺一开始就以萨迦昆氏家族为核心，这个寺庙实际上是这个家族发展的据点；向外传播的时候，始终是派出这个家族的成员和萨迦派的人发展弘扬佛教事业。

噶举派的玛尔巴、米拉日巴传教时没有寺庙，玛尔巴是在家人，米拉日巴也没有出过家，虽然过着苦行僧的生活，但是没有受过戒，是个在家修行的人。玛尔巴没有建过庙，米拉日巴也没有建过庙，到他的弟子们时，噶举派形成了，于是修庙——塔波拉杰开始建庙。由于修庙，容纳不同地区的精英分子到这个教派里集中，这些精英分子学到佛教的基本知识以后，就出去传播，根据自己的能力和影响的范围，建立了各个派系，所以后来形成"四大八小"的派系。其中重要的有噶玛噶举派，其道场原来在类乌齐寺，到拉萨后又建了更重要的、名气更大的楚布寺，楚布寺虽然是第二个道场，但是

成为了主寺。噶举派寺庙很多，名声最大的就是楚布寺，到现在为止还是噶举派的主要道场。楚布寺尽管不如格鲁派三大寺那样宏伟壮观，但是很精致，很有灵气。

第一个噶玛噶举派大师都松钦巴，他的弟子得到明朝封的“大司徒”封号。这一噶举派的僧人就在康区——现在四川甘孜，离德格较近的地方建立了八蚌寺（dpal-spungs）。“八”（dpal），意思是“吉祥”；“蚌”（spungs），意思是“堆积”；“八蚌”，即“好事成堆”之义。这个庙在德格南约五十公里，是噶玛噶举派的寺庙，历辈都由“大司徒”当家，形成活佛转世系统。现在的大司徒在印度有庙叫协若林（shes-rab-gling），离达兰萨拉有一段不近的距离，靠近尼泊尔边境，属于学校的性质。八蚌寺迄今仍是康区的一个大庙，虽然不是最大的，但是噶举派的一个重要寺庙。

止贡寺（vbri-gung），明代的文献记录为“必力工”，是音译。“止”，即“母牦牛”之义。止贡派是噶举派“四大八小”中的一个大派，止贡仁波切在新中国成立后是自治区政协委员，他十四五岁时去过北京，在拉萨中学读初中、高中，是拉萨中学的篮球队队长；他在“文革”中受不了啦，就跑到拉达克（印度境内的藏人区）去了。从历史上讲拉达克这个地方也是藏区，现在归印度，首府是列城（Leh）。止贡派在那儿很有力量，他到那儿又恢复了活佛的身份。止贡寺也是后弘期中期很重要的寺庙。

觉囊派的彭措林寺，也是后弘期中期的寺庙。前面简单提到过，觉囊派

（jo-nang）是受迫害的一个教派，是藏传佛教里一个很特别的教派，最主要的是观点不同，主张“他性空”。格鲁派强调“自性空”，事物的自性是空的，一切物质，世间上万事万物是无常的，内地佛教也相信这一教义。藏语始终坚持意译，“无常”（mi-rtag-pa），是“一定要变”的意思。这个很

多罗那他（rje-btsun-tva-ra-nva-tha，1575～1634年），藏传佛教觉囊派高僧，外蒙古（今蒙古人民共和国）哲布尊丹巴活佛系统的祖师。原名贡噶宁波，出生于卫藏交界处一个译师家庭，幼年在拉孜觉囊寺出家，青年时期从多位印僧研习梵文、听闻佛法。1614年，在藏巴汗父子支持下，在后藏建达丹彭措林寺，弘传觉囊派教法；同年，被藏巴汗荐往喀尔喀部传法，以抵制格鲁派向外蒙地区的传播。在外蒙传法二十年间，以库伦（今乌兰巴托）为中心，兴建众多寺院，深得敬信，被尊为“哲布尊丹巴”（rje-btsun-dam-pa），意为“至尊圣者”，成为外蒙佛教首领。崇祯七年（1634年）在外蒙圆寂，后形成哲布尊丹巴活佛转世系统。多罗那他一生著述甚丰，著名的有《印度佛教史》、《娘域教法源流》等，有文集传世。

德格印经院，藏区著名印经院，全称“德格吉祥聚慧印经院”，位于四川省甘孜州德格县城东，原德格土司官寨更庆寺所在地。清雍正七年（1729年）由德格四十二世土司却吉·丹巴泽仁（1689～1750年）创建。之后历代土司又加以维修扩建。院内分为藏版库、储纸库、晒书楼、洗版室、印书室、储书库等，建筑雄伟壮丽，是全国重点文物保护单位。院藏书版基本完好。德格印经院不仅以兼容并蓄、版本良好、印刷考究闻名于世，而且也以其收藏各类印版的数量丰富、内容完备，在国内外享有盛誉。

容易接受，事物不是不变的，不变化就发展不下去，事物总是在不停地变化的。但觉囊派不同意这个观点，他认为事物本身是有自性的，事物本身有一个客观存在，这个客观存在是不变的，是你认为它变了，变化是你强加给它的，这就是“他性空”。这派有一位大师多罗那他。这派的寺庙在后藏，离日喀则约一百五十多公里。五世达赖时期不允许它存在，让它改宗，改成格鲁派，但这个派有些人不死心，继续传授觉囊派，现在还有人在传教。在德国哥廷根大学（朱德和季羡林曾待过的学校），有个觉囊派的仲则仁波切还在讲觉囊派的历史、寺庙、大师的著作等。

除了噶举派、觉囊派，还有宁玛派的寺庙，如敏珠林寺、多杰扎寺。

萨迦派的寺庙更庆寺（dgon-chen），在德格县城关，“更庆”，藏语“大庙”的意思。这个庙有个重要的特点，是藏族东部地区的文化中心，因为在这个庙里有德格印经院，收藏有二十余万片经版，除了藏文《甘珠尔》、《丹珠尔》之外，还有格鲁派历代大师的全集，还有医药、天文和其他方面的著作，这成为德格印经院的特色。到现在为止德格印经院印刷不停，带动了整个四川北线的旅游事业。“文革”中县委书记将经版保护下来，使之没有受到破坏，所以这些经版到现在还是完整的。

德格县北面一点有一个宁玛派寺庙竹庆寺（rdzogs-chen，又译为“佐钦寺”），在德格竹庆区，“竹庆”，为“大圆满”之义。

此外康区还有大金寺、甘孜寺、灵雀寺、惠远寺等。

德格印经院藏经室

江孜的白居寺（dpal-vkhor-chos-rten）很有特点，是噶举派的寺庙，修建于后弘期的中期。它是“塔中寺”，寺庙在塔里，沿塔里面一层一层转，塔的每一层都有很多殿堂，将塔转完了，一百零八个殿堂也转完了。这座庙也是后弘期的一个重要寺庙。

白居寺塔上面有一对大眼睛，尼泊尔的加德满都市中心有个大塔，与之

西藏江孜白居寺吉祥多门塔

风格相似。

另外还有格鲁派六大寺，前面已说过。

从元代以来，藏传佛教向东传播，从元、明、清、民国一直到现在，不停地向东传播，和内地的文化进行一次又一次大幅度的交流。比如北京有很多藏传佛教寺庙，承德有外八庙，五台山、内蒙古和杭州都有藏传佛教寺庙，杭州环西湖有二十多处藏传佛教的遗址、石刻。这是藏族向心的力量，一直想把自己的东西贡献给自己的同胞，同时也接受内地的文化，所以我们将藏传佛教看作是中华文化的载体之一。

三、寺庙的功能

宣传佛教教义

寺庙是宣传佛教教义的文化活动中心。大大小小的寺庙，大的寺庙是大的中心，小的寺庙是小的中心，范围大小有别而已。大家都知道晒佛节，在这个节日，许多寺庙都将珍藏的大唐卡——一百多人才能抬起来的大唐卡，抬到山上挂下来。哲蚌寺、塔尔寺、扎什伦布寺等许多大寺庙都有晒佛节，小的寺庙也有。这就是宣传佛教教义的文化活动。每年有许多这样的节日。大昭寺的节日更多，比如传召大法会，每年新年从初一到十五，一共十五天，将全藏区的格鲁派僧人集中到拉萨，为了这个节日，举办许多活动，包括考拉然巴格西学位。

传授佛教知识：大五明和小五明

寺庙是传授佛教知识的教育中心。

佛教知识分大五明和小五明。五明（rig-gnas-lnga）中的“明”

（vidyā），指“知识，学问，明处”；是从“吠陀”（Veda，意为“知识、启示”）一词翻译过来的，将当时世间的学问全部归纳在五明里，当然不包括现在的科学知识。

大五明里有内明（nang-rig-pa）、因明（tshad-ma rig-pa）、声明（sgra-rig-pa）、医方明（gso-bavi-rig-pa）、工巧明（bzo-rig-pa）。

（一）内明（nang-rig-pa），就是佛学。佛教徒互相称呼为“囊巴”（nang-ba，指信佛的人）；对不信佛的人称“期若巴”（phyi-rol-ba）。

（二）因明（tshad-ma rig-pa），是佛教逻辑学。佛教主张用辩经的办法来加强记忆、加深理解，这首先要相信佛教推理。逻辑最简单的例子，比

藏区的宗教节日：

藏区的节日文化丰富多彩，其中相当一部分与藏传佛教有关。如传召大法会（拉萨大昭寺，藏历正月，诵经祈祷，讲经辩经，拉然巴格西考试）、甘肃藏区的放生节、酥油花灯节（藏历元月十五）、迎强巴（“小传召法会”，藏历二月十五），时轮金刚节（藏历三月十五）、萨噶达瓦节（藏历四月，纪念释迦牟尼诞生、成道、圆寂。安多藏区称为“娘乃节”，意为“闭斋”）、智达德钦节（藏历五月初十，盛行于西藏山南地区，纪念莲花生大师降生）、扎什伦布寺的晒佛节（藏历五月十四至十六）、雪顿节（藏历六月底七月初）、萨迦寺的七月金刚节（藏历七月，跳“普巴”金刚神舞）、扎什伦布寺的西莫钦波节（藏历八月，跳神舞）、燃灯节（“噶登阿曲”，盛行于拉萨，藏历十月二十五日，纪念宗喀巴大师圆寂）、萨迦寺冬季大法会（藏历十一月二十三日至二十九日），等等。

如：有烟必有火，彼处冒烟，彼处有火，这样推论下来，让人深信不疑，不可辩驳，这就是逻辑。它和普通逻辑有相似之处，但它是更细微的佛家逻辑。这种学问，学佛的人必须具备，没有这种学问就无法读经，有些东西必须用思辨的思维才能理解。

（三）声明（sgra-rig-pa），是语言学。“声”，指梵文，当时藏族认为学习梵文就是掌握语言学，因为藏文字母是以梵文字母为基础、参照藏语实际制订的，所以要学习梵文。藏文佛经中有很多语词是从梵文翻译过来的，翻译过程中因为语言不同，可能有省略或附加成分，所以要学习梵文。

（四）医方明（gso-bavi-rig-pa），是医疗学。藏族认为医疗是一门大学

因明与逻辑：因明属于形式逻辑的范畴，它所涉及的内容，是因三相，即用“因”或“理由”来说明问题。形式逻辑以大前提、小前提、结论的“三段论”作为推理形式，而因明则用宗、因、喻三支来作为推理的形式。

在逻辑中还讲“量”，即认识论部分，分为现量和比量两大类，因明的推理论式，实际上属于比量范畴，其论证形式，从性质上分为自性因、果性因、无缘（或叫未缘到）因。

因明有着不同于逻辑学的特殊的、独立的内容，比如宗、因、喻三支不等同于西方的三段论，而有自己的特点：因明论宗、因、喻的诸多规则和各种过失，比起传统逻辑对论证（论题、论据和论证方式）的要求要丰富得多。（参见杨化群著《藏传因明学》，西藏人民出版社。第23～29页，“因明与逻辑的异同”。）

问，人生活在世界上，吃五谷杂粮，吃牛羊肉，就会生病，生病就要治疗。医生将长期治疗积累的经验写在书里，这种学问是和种种疾病作斗争的经验，将医和药合起来。有部大书叫《四部医典》，是根本典籍。

（五）工巧明（bzo-rig-pa），扩大一点说，就是带有技术性的学问，主要指造佛像、画佛像等。其中有比例计算的问题，比如佛像的身体、手、头要有一定的比例，有比例就要计算，计算就要有单位。计算要用数字，我们现在不觉得有什么困难，但是数字来得不容易。数字的发明是人类了不起的进步，现在有五进位、十进位、十二进位，英国是十二进位，十二进位的产生使得两只手不够用，将两只脚也算上了。藏族和汉地一样，也是十进位。

《四部医典》（sman gyi rgyud-bzhi），又译作《医学四续》，藏医学最重要的一部经典著作。全名为《甘露要义八支秘密诀窍续》（bdud-rtsi-snying-po yan-lag brgyad-pa gsang-ba man-ngang gi rgyud），是8世纪时藏医医圣宇妥·云丹贡布所著西藏医学四大论，11世纪时作为掘藏出土，后经宇妥萨玛·云丹贡布（小宇妥，老宇妥的十三世孙）增补诠释，流传于世。全书共一百五十六章，用藏文偈颂体写成，分为四部分：《本续》述人体生理、病理；《释续》述病症形象分类；《诀窍续》述治疗方法，《后续》述辨症论治、制药等。

该书包含古代印度吠陀医学、汉地中医学及某些邻近国家古代医学的内容，是藏族先民吸收其他地区医学精华而新创造出的、具有鲜明藏民族特色的医学。我国已于1983年、1987年分别在北京、上海出版了诗韵体及白话体的汉文全译本。该书在国外也有极大影响，至今已有蒙、日、英、法、俄等多种外文全译本、节译本。

0～9这十个数字叫阿拉伯数字，有人说是阿拉伯人的发明，也有人说是印度人和阿拉伯人共同的发明，叫印度—阿拉伯字码。英国数学家怀特·赫特有本《数学论》，他认为这个数字码可能是西藏人的发明。现在西藏人的数字1、2、3、6、7在形状上和阿拉伯数字很相近。看看数学史就知道，阿拉伯数字码是在11世纪创造的，如果能在11世纪前的藏文文献中发现数字码，那就是藏族对人类的贡献。这不是不可能的。工巧明有计算的问题——计算佛像的比例，主要是为了造佛像，或画或塑佛像，后来又牵涉到建庙的问题，这与营造学有关。

大五明之外，还有小五明。

（一）诗（snyan-ngag，音“念阿”）。藏族是讲究文采的民族，文采往往表现在诗上。作诗是一种传统，诗就要有规矩、有韵律（sdeb-sbyor），有种种限制，要花工夫，例如“一去二三里，烟村四五家，楼台六七座，八九十枝花”，这就不是诗，是顺口溜。藏族的诗叫“snyan-ngag”，是小

---

sdeb-sbyor：一般汉译为“声律学”或“缀文法”，主要论述诗句组合规律和梵文偈句轻重音组合规律。

黑算（nag-rtses）：西藏历算之一种。藏历分为白算和黑算，白算是天文历算；黑算是占卜算，指从汉族地区传来的“五行占”，为占星术的统称。印度传来的“音韵占”，有时也归在黑算一类之中。（参见《宝藏》第四册，第262页，“《历算图》布画唐卡”之文字说明。）

五明里头一个。

（二）韵律、构词（sdeb-sbyor，音“德觉”），与诗有关而不完全一样，通篇来说，有结构的问题，每一段有讲韵的东西，这与格律有关，也与拼音有关。

（三）藻饰（mngon-brjod，音“温决”），指同义词。例如元曲中有“金乌坠，玉兔升，黄昏时候”，“金乌”指太阳，“玉兔”指月亮。若说“太阳落了，月亮升起来了”，就不是诗了。藏族很讲究藻饰的，藏语中“太阳”一词有六十种不同藻饰词的说法。如“虹”字，藏语叫“天帝神弓”。

（四）歌舞、戏剧（zlos-gar，音“堆噶”）。藏族对歌舞是很讲究的，藏族的歌舞有各种各样的形式，有宫廷的歌舞，有民间的歌舞；有跳踢踏舞的，有边歌边舞的，有只歌不舞的。藏区民间喜欢歌舞，歌舞是一门学问。

（五）星算（skar-rtsis，音“嘎尔孜”），指天文历法方面的学问。“Skar”（音“嘎尔”），指星星，也有人说是指星算历法，打卦。藏族有各种博具，还有讲黑算的。我曾就藏族的占卜文书写了三篇文章，出了一本《吐蕃时期占卜文书译解》。占卜其实不是迷信，而是代表了当时人们的愿望和要求，当时没有什么能够保证，只有求助于超人的力量。这些材料留下来是非常宝贵的东西。这在藏族里是专门的学问，要学习。

大、小五明合起来是十明，十明是寺庙里要传授学习的东西，寺庙是传授佛教文化知识的教育中心。

解决地方性事务

寺庙是控制和解决地方性事务的政治中心。

在封建农奴制政教合一政体形成后表现得更明显。寺庙集中了藏族的知识分子，特别是高级知识分子，寺庙以外几乎没有什么知识分子。这样形成的知识结构就不一样，比较集中，知识界的精英都在寺庙里，调查、处理、解决问题的都是这些知识分子。他们有两种身份，既是知识分子，又是出家人，在寺庙里担任各级职务，特别是大庙里的，担任各种职务；小庙里也有大专家。地方如果发生什么事情，寺庙就是地方事务的处理中心，在政教合一的政体下，寺庙的头头都是地方上的负责人。有许多寺庙都成为控制地方、处理地方性事务的政治中心。寺庙的这种功能越在底层越明显，一个村、一个乡、一个区乃至一个县，控制和解决地方性的政治事务，都是寺庙起作用，关键人物都在庙里，所以后来寺庙与寺庙之间有自己的管辖范围。

举一个具体的例子，拉卜楞寺的寺主嘉木样活佛长期驻在兰州，担任甘肃省副省长、省人大常委会主任、全国人大代表、全国青年联合会的副主席等职位，非常繁忙，很少到拉卜楞寺去，拉卜楞寺就由贡唐仓活佛负责。贡唐仓活佛为人极好，群众对他有足够的尊重和信仰。有一次，甘南地区的两个边远部落因争夺牧草发生争斗，马上就要发生武装冲突了。在这个危急时刻，谁去解决问题呢？因为是边远地区，谁也没办法。有人就提出请贡唐仓

活佛去，因为这恰恰是拉卜楞寺所能控制的范围。贡唐仓活佛六十多岁了，也很胖，可是他骑着马就去了。当时现场要火并，火药味很浓，他到了以后，很快就平息了这场武斗，用的就是他的权威。群众尊重他，因为他帮助解决问题，双方都信仰他，认为他不会偏袒任何一方，处理问题公平，是带着超人的力量去的。假若没有这种权威，在当时不一定能解决冲突。

甘南拉卜楞寺

这是有实例可循的，早先的部落与部落之间有一种血亲复仇制，甲部落打死了乙部落一个人，乙部落的人就认为这是整个部落的耻辱，整个部落的每个人都有责任向甲部落复仇，部落与部落之间就形成打冤家，将甲部落又打死一个人，甲部落又打过来复仇，这样循环往复，造成社会极大的不安定，损失很大，安全也成问题。打死人的人，并不认为是凶手，而是血亲复仇的“英雄”。这种习俗在当时就造成了社会动荡。

当奴隶制联盟的政治形成以后，就不希望这样的事情发生，那谁来解决呢？就由长老级的、有威望的人来调解。假若甲部落打死乙部落的人，长老就让甲部落向乙部落赔偿，将道理说透，双方就都接受了，用羊、牛等来赔偿，赔偿的价格是根据估计被杀者的能力、生产和打猎所产生的价值，不同的价格就逐渐形成了等级。部落调解的时候，让甲方凶手亲自向乙部落道歉，脱光衣服，跪着走到乙部落里面请求宽恕，乙部落的人对他进行羞辱、责骂、殴打甚至要打死他，这时长老就出来调解。他认错以后，就留下来作为乙部落的成员，作为劳动力或猎手，甚至让他到被害者的家里上门服务。这就解决了血亲复仇制，让社会的不安定因素减少到最低点。

藏族地区寺庙是能够控制和解决地方性政治事务的中心，这是古代传下来的传统。

本地的医疗中心

十明中有医方明，医生都是出家人，即使还俗了，还是可以为人治病的。为病患者实行救助、服务，是寺庙的一个基本职能，也是普通老百姓的希望所在。

地方性的物资交流和经济贸易中心

大的庙会，不是纯粹的宗教活动，还有经济交易活动。有些大的节日是固定的，比如萨嘎达瓦（sa-ga-zla-ba），这个节日比较好，天气不太冷，有利于农牧交换，交换的场所就在寺庙外面。藏区的贸易交流活动，交换的时

萨嘎达瓦（sa-ga-zla-ba）：意为“氐宿月”。“萨嘎”（sa-ga）是二十八宿中的氐宿，“达瓦”（zla-ba）意即“月”。藏历每年四月氐宿出现，故称四月为氐宿月。相传释迦牟尼于氐宿月十五日降生、成道和涅槃，因此各地藏族群众在此月都要举行各种隆重的宗教纪念活动，后来逐渐演化为一个隆重的民俗节日。

在拉萨，一入四月，从各地前来朝圣、转经、乞讨的人就多了起来，活动在四月十五日达到高潮。人们按“囊廓”（内环行，环绕大昭寺内释迦佛殿转经回廊一周）、“八廓”（中环行，环绕大昭寺沿八廓街转经一周）、“林廓”（外环行，沿今林廓路环拉萨城和布达拉宫一周）之序，依顺时针方向从内到外环行三匝，总里程约十公里。人流如潮，心怀虔诚，纪念佛陀，积攒功德。

哲蚌寺雪顿节展佛

候，嘴里不说，在袖子里捏指头，袖里乾坤，这种交易最诚实。这些交易都是在庙会进行的，是寺庙提供的交易机会。

寺庙有很多节日，如藏戏的节日，原来叫雪顿节，“雪顿”，意为“酸奶宴”，在七、八月份。因为四、五、六月是“夏安居”（坐夏），出家人三个月不能出门，要自恣，自我反省。安居三月很辛苦，安居结束后可以出门了，酸奶也上市了。夏季刚结束，秋季刚到来，大家就共饮酸奶，同时也演出藏戏。没有佛教就没有藏戏可言，藏戏的节目最初都是从佛经中来的，用佛经的故事编成剧目。后来不满足，又从现实生活和历史中取材，扩大演出的节目，形成完整的藏戏系统。藏戏本来主要是给出家人看的，慰劳夏安居的僧人。

就一座座寺庙本身来说，有这五个功能，可能还不够完全。我们讲的是一座座寺庙的功能，不是格鲁派掌权的整个噶厦政府的功能。

四、佛学大师及其名作介绍

下面介绍历史上一些有名的僧人、佛教学者，有名的高僧大德们的主要作品。

给大家介绍四位人物，他们分别是米拉日巴、萨迦班智达、宗喀巴和仓央嘉措。这四个人都有一个特点，即他们都喜欢诗。这四位都是写诗的，都有诗作传世（差不多都有汉文翻译）。今天不说这藏传佛教中的四大诗人在宗教上的成就和地位，单就他们的诗作进行比较，说明其文学成就。我写过一篇相关的文章，本来发表在《华学》（饶宗颐先生习惯把中国的学问叫“华学”）上，后来收在我一个文集《水晶宝鬘》中，在台湾出版。“水晶”是根据藏族取书名的习惯，他们喜欢给作品取一个装饰性的名字。

我们不要把藏族的高僧大德们看成是不食人间烟火的隐士。事实上，他们都很关心社会，关心人民，关心普通人的生活，包括他们自己，都有着非常丰富的人情味，从他们作品中流露出来的感情可以看出这一点。

敦煌文献中的吐蕃历史文书

藏族在诗歌的传统上，具有很深的民族色彩、民间色彩。藏文文献中比较重要的一类就是敦煌本吐蕃历史文书，很多已经被法国人伯希和从敦煌带到巴黎去了。伯希和既懂藏文也懂汉文，还懂许多中亚语言，他当时是法国驻华大使馆文化参赞。1905年，他知道英国人斯坦因（匈牙利人，英国国籍）得到了敦煌石窟里（敦煌的此石窟按照原来张大千的编号为第17号窟）的一些文献之后，也来到了敦煌。

当时管理敦煌石窟的是王圆箓道士。王圆箓是湖北人，原来是个军人，后来跑到敦煌，看到这里的石窟破烂不堪，于心不忍，便自愿管理，靠别人给他送吃的得以维持生活。有一次他回到石窟休息，无意中发现石窟的墙后

有个小室，原来里面都是书，一卷一卷的。他取出了若干写卷，有的有唐朝的年号，有的有隋朝的年号。当时甘肃省的学政叶昌炽听说此事后，从兰州专程跑过来，在敦煌县里就有人拿写卷给他看，他看了以后很激动。他见到的经卷后来收入《语石》了。

敦煌声名鹊起，引来当时一些国外探险家，如英国的斯坦因、德国的勒柯克、俄国的科兹洛夫等人。斯坦因是一个探险家，是到新疆、沙漠一带来探险的。不过很多探险家都知道新疆有很多从汉到隋唐的历史遗迹，是一层一层积累下来的。斯坦因听说以后，就想用银元跟王道士买一些写卷。王道士想用这些钱维修一下石窟，就答应了。斯坦因低价收购了大量珍贵文物，回到英国以后，把这些东西展览了，一些汉学家看到后，非常惊奇，英国政府后来因此而授予斯坦因爵士封号。

法国人伯希和知道后，很快赶到敦煌，并用比斯坦因更高的价钱跟王道士商量买敦煌写卷，王道士有点害怕，但两人还是点灯进入了石窟。伯希和是个专家，凡有年号的、有非汉语的文字的卷子全要。这些文卷弄到巴黎后影响很大，后来用晒蓝（老的复印形式）的方式做了几份复印件，带到北京找当时能够读懂这些文字的罗振玉和王国维两位大师。

王国维看到后认为这些东西价值极大，堪称国宝。于是当时的教育部派专使李盛铎赶到敦煌把里边所有的卷子运到北京。王道士害怕了，因为皇上派钦差来了，于是点清数目，让李盛铎装箱运回。但是在路上，李盛铎把一些卷子撕成两半以充足总数，把一部分据为已有。他交到朝廷的时候，数目并没有少，但是有不少的卷子已经不全了。这部分卷子后来收进了北京图书馆（即现在的国家图书馆）。他后来又在天津雇人誊抄卷子做假，所以后来敦煌写卷中很多假的就源于他。日本学者对敦煌卷子的辨伪做了很多工作。

运往巴黎的敦煌文书中的藏文写卷内容主要包括两方面。第一部分为吐蕃时期的大事纪年。从文成公主进藏开始，一年一年记载，达一百四十多年，一直记到代宗广德元年（763年）。这年吐蕃的军队攻入长安，代宗离

唐阎立本《步辇图》局部

京至陕州。主要有吐蕃的契约、重要的会盟、联盟等大事。吐蕃内部为加强联盟，开始是三年一盟，后来一年一盟，最后一年两盟，夏天一次，冬天一次，这是由于部落联盟制度受到威胁，需要加强。

第二部分是历代赞普传记，故事性的很多，其中就有诗歌。松赞干布之前，他的先人时期，几个部落联盟推翻苏毗，几个部落就是以唱歌的形式串联。禄东赞率使者到长安把文成公主迎到吐蕃，是立过大功的人，他本人和他的大儿子、二儿子包括孙子都先后在吐蕃王朝做大相，权势极大，这引起了吐蕃墀都松赞普的嫉妒，进行了一次政变，发动突然袭击，将禄东赞的家族杀了两千口。这个消息传出去，禄东赞的儿子、孙子有驻扎在敦煌前线的，知道老家被灭门，就投降唐朝，唐朝很欢迎他们。当时一共有七千帐军队投降了唐朝，皇帝给他们封了王爵。墀都松将禄东赞家族消灭的时候，就很得意地唱歌，用的是古歌形式。从这个文献里可以确认这种诗歌形式在吐蕃时期已经存在。

古代藏族的卜辞以诗的形式出现，有其民间的传统。佛教传来了，这是一个比较注重宣传的宗教，佛经就有韵文、散文等形式，加强了诗歌在藏区的发展，大师们也利用诗歌形式宣传教义。可惜吐蕃时期没有署名的作家，都是无名作家。这就是藏区诗歌的背景，给诗的创作提供了很肥沃的土壤。

下面这几位都是后弘期佛教的名僧，我重点加以介绍：

米拉日巴与《道歌集》：以自然入诗

米拉日巴的生平在介绍噶举派的时候已经介绍过了，《米拉日巴传》是15世纪时利用当时的某些材料和流传的故事编写的。作者到处搜集米拉日巴的资料，被人们称为“后藏的疯子”（gtsang-smyon-pa）——当时藏族有很多这样的诗人被称为疯子，还有“前藏的疯子”（dbus-Smyon），有好几位疯疯癫癫的，在不丹传教的主巴衮雷也被称为疯子。《米拉日巴传》，有四川刘立千先生翻译的本子，极好。

还有更重要的一本书，米拉日巴的诗歌集——《道歌集》（mgur-vbum），“mgur”，指诗歌的体裁，“vbum”，意为“十万”。藏族很早就有一种传统，将作家一生的作品集中起来。民族文化宫收集的藏族作家的全集（gsung-vbum）有一百六十多部。米拉日巴在布道时或弟子们提问时、讲经时、有感悟时，就以诗歌的形式唱出来，这些诗歌后来被弟子们汇集起来，就是《道歌集》。

张澄基（C.C.Karma Zhang）先生，是一位在美国去世的著名藏学家，他曾师从贡嘎上师学习，于新中国成立前夕离开祖国，到印度、中国台湾、中国香港和美国等地从事藏传佛教的教学。他将《道歌集》翻译成英文和汉文，英文本是在美国哥伦比亚大学出版的*Thought Song of Milariba*，中国台湾把这本书翻译成《密勒热巴全集》。米拉日巴的诗歌在内地还没有全部出

米拉日巴（清，布画唐卡，布达拉宫藏）

版，《西北民院学报》上发表过部分章节的译文。张先生翻译的东西非常有生气、有韵味，将米拉日巴潇洒的一面表现得淋漓尽致。

米拉日巴不是不食人间烟火的，他的感情极其丰富。他多年在外流浪，有一次回家，发现家里的房子塌了，母亲已经死在厨房里，尸体已经干了。他很伤心，这触动了他对人世无常的更深认识。其中特别发现他母亲身边有一部《大宝积经》。《宝积经》和《大宝积经》是两个时代的产物，《大宝积经》一百一十多卷，是很大一函，当时私人不可能收藏的，而《宝积经》仅仅是其中第二十三品，是原始的东西，而《大宝积经》是不断积累的结果。当时他家有的可能是《宝积经》。米拉日巴想请人做一些擦擦来纪念他的母亲，就把《宝积经》送给那个人，但那个人说："你的东西不敢要，有神灵跟着的。"

他的诗歌里有对大自然的歌颂。

瑜伽（rnal-vbyor），梵文作"Yoga"，藏语里就是"联通"的意思。经过瑜伽的学习，人体的经络可以沟通，身体的大周天和小周天可以接通，自然界和人可以沟通，这成为佛教内修的一个很重要的方法。米拉日巴有一首诗《十二瑜伽乐》：

如同逃脱恶陷阱，背离家乡瑜伽乐；
如同骏马脱缰绳，脱离二取瑜伽乐；
如同野兽遭伤残，独自安住瑜伽乐；

擦擦模具（清）

擦擦（tsa-tsa），是藏语对梵文“Sa-Chaya”的音译，意思是“真相”或“复制”，指一种小型的脱模泥塑。其最初应该出现于古印度，唐代僧人义净《大唐西域求法高僧传》卷下《南海寄归内法传》中记述了印度的“拓模泥像”；唐代内地佛教中也有制作，称其“善业泥”。

擦擦由印度传入西藏的时间，据分析应为11世纪前后，大约在阿底峡大师入藏之时。早期擦擦边缘不太整齐，胎泥外溢，图像以塔和梵文经咒为多。后来图像中各类佛教神像、藏文六字真言逐渐增多。约13世纪以后，擦擦随藏传佛教的传播大量传入内地。

制作擦擦的原料为胶泥，珍贵者中掺有高僧骨灰舍利、名贵香料，用金属模具以捺印或脱模方式制成。信徒制作擦擦以积攒善业功德，制成的擦擦多作为佛塔装藏，或供奉于“擦康”（专门供奉擦擦的小殿）内、玛尼堆上或修行窟中。

如同雄鹰击长空，观察远透瑜伽乐；

如同凉风穿虚空，毫无遮阻瑜伽乐；

如同牧童牧羊群，牧守空净瑜伽乐；

……

家是陷阱，离开家如同逃脱陷阱……。他体悟瑜伽法得到的快乐，描写自然环境之美，讲究格律、韵律的美，使人得到美学的享受。把有我之境与无我之境集于一身而升华，几乎与庄子“天地与我并生，万物与我为一”的境界相一致了。

米拉日巴的一生是很富于传奇性的，他的苦行僧的一生，隔绝世俗，摈弃传统思辨哲学，以独特的宗教体验，用《道歌》来表现澄圆妙明的清净心性。

萨迦班智达与《萨迦格言》：以道德入诗

藏传佛教的东传与萨迦班智达有很大的关系。他的作品很多，见于《萨迦五祖集》，他写了很多哲理诗，他的哲学道理放在诗里。我举一个例：

学者学习一切知识，

精通一种来认识世界；

蠢人也接触很多知识，

却像星星一样无大光芒。

萨迦班智达的诗都是可以背下来的。萨迦班智达的诗集叫《萨迦格言》（Sa-skya legs-bshad），诗体四句七言，共有四百五十七首。这个集子是萨迦班智达众多诗作中的一种。藏族人的作品，包括五世达赖的作品，不止一次引用《萨迦格言》作为结语。《萨迦格言》是藏民族的骄傲，藏民族的花朵。尽管他们在宗教上属于不同的宗派，但是在诗学上却不分派系。

上世纪50年代初，我就开始尝试着翻译萨迦班智达的诗，在《人民日报》上发表，每天一首，或二首、三首，最后由青海人民出版社编成一本小册子。“文革”结束后，1978年，青海人民出版社马上又重印了一次汉藏对照本。我现在想再整理一下，重新出版它的藏文、汉文、英文合刊本，可以作为学习藏文的读本。上面引的萨迦班智达的这首诗很有哲理：学者要学习所有接触到的知识，以精通其中的一种来认识世界；愚蠢的人不是不能学习，却像天上的星星不能发出大的光芒……这对于求学的人是个很好的教育。我在海外教书的时候，有的同学要求我用藏文写留言，我就写了这首。

他的很多诗体现对群众的热爱，对统治者的训诫。例如这首：

受苦受难的百姓，
统治者更要爱护；
就像小孩病重的时候，
母亲对他更加疼爱。

给我们提供了做人、做学问的一个标准。

萨迦班智达以六十三岁高龄从西藏应诏东行，带着两个侄子，用了两年的时间到了凉州，见到阔端王爷，两人达成协议，西藏归顺。他去世以后，他的侄子八思巴继承其事业。八思巴创造了蒙古文字——八思巴文，用藏文字母记录蒙古语，忽必烈给了八思巴一个称谓："造字圣人。"元朝有八思巴字母的钱币。八思巴有很高的声望，后来成了元朝的国师，最后晋升为帝师。

萨迦派和元朝建立了密切关系，元朝在中央政府设立了宣政院，管理全国佛教和西藏地方，负责的官员由八思巴推荐、朝廷任命。后来元朝被推翻

八思巴文大元帝师之印

了，但各教派向东传播的事业没有停止。

萨迦班智达将道德、理念、尊重人格的精神写入诗中；其诗表现出对群众的热爱，谆谆嘱咐统治者要爱护百姓，才能长治久安。这些诗歌形成训诫性的总集。

米拉日巴以自然入诗，萨迦班智达以道德理念入诗，这两个人有差别，共同的是以诗表达理念。

宗喀巴：以宗教的境界入诗

宗喀巴，是格鲁派的创始人，他创立了学阶制，同时也是一位诗人。藏族诗歌都有一个精神，即按藏族传统文化以民歌为依托的传统。藏区民歌很发达，一种是“古尔玛”（mgur-ma），是古歌，宗教短歌；一种是“路”（glu），就是唱，徒歌，不伴舞的，是在山上放羊时唱的，这种歌是豪迈的，以情歌为主；一种是“谐”（gzhas），是歌舞相随的。藏族的民歌有它的特色，巴塘方言称为“弦子”（也是“谐”），能唱能跳的，我们给它取了一个名称——踢踏舞。

宗喀巴是安多地区人。“宗喀”就是湟水河的渡口，“宗喀巴”就是湟水河渡口的人。“宗喀”见于《宋史·地理志》，宋代的文献已经将这个名字记录下来了，宗喀巴就是在这里出生的。后来在他出生的地方建了一座寺庙，即塔尔寺，是为纪念他母亲而建的。关于他的母亲有个传说，他母亲生

宗喀巴（清，刺绣唐卡）

他以后，将胞衣埋在这里，后来长出一棵菩提树，这棵树现在还存在，成为当地一个胜迹。这棵树有神灵，据说每片树叶子上都有一个小佛像，所以当地称塔尔寺为“Sku-vbum”，意思就是“十万佛像”。寺门口并排有八个塔，象征八相成道（佛的一生事迹），表明宗喀巴是“第二佛陀”的意思。

宗喀巴为众人所知是因为他是格鲁派的创始人。他到前、后藏投师，完

塔尔寺如来八塔

全依靠自己的勤勉，精通五明，有很高的造诣。他想建立戒律谨严的宗派，受到弟子们的拥护，由他的弟子们建立了团队。他的弟子很多都比他年龄大，而且也颇有造诣，但他们非常崇拜宗喀巴。宗喀巴建立了甘丹寺，成为一代宗师。

尽管明代格鲁派还没有受到中央政府的认可，但清代满族人已和蒙古人、藏人结成联盟，取得政权，格鲁派最后在清王朝的支持之下形成一统的局面，在西藏有了统治地位。

不要把宗教大师们看成是完全脱离了人世的人，他们有和普通人一样的感情。在宗喀巴的诗里面流露出对人的客观存在的认同。例如他在一首长诗中歌颂佛尊、观音的化身——空行母（十五言长句）：

温顺驯服斑鹿花皮从左肩斜披系在腋络上，
黑石乌发衬托脸庞如同月光倾泻白烟飘拂，
窈窕淑女细腰婀娜微微左倾令人心魂荡漾，
莲座上面右边姿态更呈娇媚令人留连难忘。
右边玉手胜施妙印普降甘露饿鬼如愿以偿，
左边玉手胸前持握白莲花茎象征一尘不染，
对您一作见闻忆念便可脱出世间污水肮脏，
祈求空行母从此与我心意不离永远像一人一样。

把观音化身的空行母描写得如此娇媚，在这样的意象中、意念中寻求超脱人

白度母（现代，唐卡）

世、灵魂的解放。

还有一首，则体现了冥想与感情：

禅密之笔绘出佳妙身，腰肢秀美好似青柳枝，
脸庞丰润好似月亮圆，双目碧澈如莲红唇娇艳。
手持鲜花花鬘一少女，显示多情姿态求欢乐，
为使坛城大师生欢喜，奉献天女安乐供养多。

可以说，宗喀巴是以宗教的境界入诗。

仓央嘉措：多产的诗人

仓央嘉措（1682～1706年），是六世达赖喇嘛，他的一生很短暂。

清朝入关后，蒙古人提供兵力，和满族人合作，藏人提供宗教，清朝初期就建立了满蒙藏联盟。建立联盟以后，对西藏地方的管理，清朝承认既成事实，由蒙古和硕特掌管西藏地方事务。

蒙古从元朝没落后，逐渐分成三部，漠北是喀尔喀蒙古，在今蒙古人民共和国；漠南是内蒙古；新疆、青海一带有漠西蒙古，又叫卫拉特（或“厄鲁特”）蒙古、察哈尔蒙古。漠西卫拉特蒙古有四大部落：和硕特、准噶尔、杜尔伯特、土尔扈特等。和硕特部落进入青海，又南下，其领袖固始汗化装成香客到拉萨朝拜，秘密地会见五世达赖和四世班禅，建立了联盟，后来协议建立了满蒙藏联盟。和硕特在西藏有军队，清朝承认达赖喇嘛，也承

认和硕特蒙古在西藏的统治权。固始汗在拉萨，他的军队驻在当雄，可东可西，可北可南，这批驻军成为藏化的蒙古人。和硕特蒙古得到朝廷承认，固始汗死后，他的儿子拉藏汗继续掌握政权。宗教权则在达赖手里。

五世达赖去世后，第巴桑结嘉措将五世达赖的死讯隐瞒了十六年。后来清朝得知真相后，桑结嘉措说他是为了体念卫藏地区众生的平安才隐瞒的，并且五世达赖的转世已经找到，就是仓央嘉措。在坐床之前仓央嘉措有约十年间生活在羊卓雍湖边的浪卡子，也被隐瞒了十来年。但蒙古人向清朝告状，说六世达赖是假的，并要送仓央嘉措到北京去，仓央嘉措进京途中在青海湖去世。蒙古人立益西嘉措为六世达赖，据说这个益西嘉措是拉藏汗的第三个儿子。准噶尔派兵打到拉萨，拉藏汗去世。清朝又在理塘找了一个达赖——格桑嘉措，也说是六世达赖，这样就有三个六世达赖。直到格桑嘉措圆寂后，觅得其转世灵童江白嘉措并认定为八世达赖，由此

第巴（sde-pa）：义同“第悉”（sde-srid），均为藏文音译，意为地方行政官。旧时，在西藏政教合一制度下，第巴是代表法王管理政务者。

第巴桑结嘉措（1653～1705年），生于拉萨北郊之娘称地方，八岁从五世达赖听受显密佛学，并从诸多大师听受其他五明学科。1679年任五世达赖第巴，管理政教，维修扩建布达拉宫，校正刊刻《医学四续》，并有多种藏医学、历算重要著述，创建藏医学校于药王山。1705年为拉藏汗所杀。

仓央嘉措（唐卡）

才承认格桑嘉措是七世而不是六世，六世仍是仓央嘉措，与藏族民间的说法才最终一致了。

仓央嘉措是个多产的诗人。最早翻译他诗歌的是于道泉先生。作为达赖喇嘛的转世，仓央嘉措的一生短暂而且不幸，落在政治漩涡之中，不能自主。他的遭遇是悲惨的，但是他留下的作品——诗，却赢得了普遍的同情和喜爱，家喻户晓，万口相传，一直至今，各种故事、剧本层出不穷。他是真诚的，要求过普通人的生活；他对政治感到恐惧；他对高高在上、锦衣玉食十分厌倦，而对真正的爱情却有无比真诚的追求。如他的诗中说：

默思上师的尊面，
怎么也未能出现；
没想那情人的脸蛋儿，
却栩栩地在心上浮现。
若依了情人的心意，
今生就断了法缘；
若去深山修行，
又违背了姑娘的心愿。

第七讲

藏传佛教的东传运动

一、藏传佛教向东传播

中原主流文化向藏区传播，同时藏族文化也向东部传播，这个运动其实一直在持续，有高潮和低潮，然后又开始新的一轮，传播运动一直在继续，从藏文化的语言、表现形式、文化部类都可以看出踪迹，在中原主流文化中也不难发现这些影响。

中华文化是各个民族共同缔造的，“中华”不是哪一个民族缔造的，中华是包含各个民族的。你看现在中国的外交官出去，参加宴会，出席正式的场合，男的都穿西服，女的呢？那些参赞、大使的夫人，她们穿的是旗袍。“旗袍”原是满族人的服装，现在成为国家的国服。从这里就可以看出来，中华文化是各民族共同缔造、共同努力的成果。

藏文化从11世纪开始向东传播，13世纪是一个高潮。传播藏文化的载体是什么呢？就是藏传佛教。从那以后，元朝、明朝、清朝、民国，一直到现在，藏文化的东传一浪接一浪，最基本的载体就是藏传佛教，藏文化最具有民族特色的就是藏传佛教。对藏传佛教东传要给予足够的认识。

藏族文化的东传，使藏传佛教形成比较统一的结构、形式。正如我们前面已经介绍的，藏传佛教有很多的部派，比如噶当派、宁玛派、萨迦派、格鲁派，还有噶举派，这些教派最后混合成为“藏传佛教”。各个教派在政治层面上的冲突我们不提，但他们在宗教上是互相容忍的。我们不止一次地看到这样的记载，13世纪的时候，忽必烈向八思巴提出：我们对萨迦派很是信仰，是不是将来我们就在藏区推行萨迦派，其他派别就不必传承了？这一建议被八思巴拒绝了，他认为应该以宽容的态度看待其他教派的教义。

大家可以去看看《青史》（deb-ther-sngon-po），它有个很好的英文译本，我认为是用英文翻译的藏文书中最好的，关键的地方有很好的注，翻译的人是白俄学者罗列赫（N.Rorech）。

罗列赫流亡出来，先到中亚，然后到印度，在印度定居，专心学习藏文、宗教，成为一名藏学家，20世纪60年代回到苏联定居，直到去世。

俄国本来就有布里亚特蒙古人，他们曾在俄国沙皇的朝廷里担任顾问性质的工作，通过他们传播了藏传佛教，在彼得堡沙皇皇宫旁边就有藏传佛教庙宇。

罗列赫对藏传佛教很感兴趣，他在印度花了很多时间工作，在东印度公司的资助下，在加尔各答、孟买出版书籍。这两个地方的刊物上对藏传佛教，藏族的地理、文化、语言等都有些研究的成果发表，英国人作为殖民者是有某种打算的。藏学家罗列赫借着这个机会，翻译藏传各教派传承的历史。他选择了《青史》，这是极重要的一本书，藏文原刻现藏于布达拉宫。上世纪40年代藏族学者更敦群培先生流落在印度时，就帮助罗列赫翻译《青史》，更敦先生懂英文，在他的帮助下，翻译的质量极好，这本书于1949年正式出版。当时八思巴以宽容的态度拒绝排斥其他教派，他认为有不同的教派更有利于对佛教的理解，这些观点我们都可以在这本书里面看到。

藏传佛教东传，往往是先到一处，再逐步传播，由成都、重庆、南京、杭州、上海，再北上传到北京，传到沈阳，很多地方都有它的足迹。

蒙古人也传播藏传佛教

怎样使内地广大的信众接受？怎样宣传它的功能？各教派在传播教法的过程中逐渐形成藏族的风格。这个过程也有蒙古人参加，蒙古人用藏语、藏文来传播藏传佛教，编藏文辞典。

格西曲扎是蒙古人，50年代我在拉萨访问过他，后来他还俗了。他说他是俄国境内的布里亚特蒙古人，先在蒙古参加过俄国的红军，觉得战争太残酷，就逃跑到西藏，住在色拉寺。刚开始他维持生活有困难，后来一位贵族的公子霍尔康与他结下了友谊，供养他，最后帮他把辞典出版了，第一次出版的是木刻本，很笨重，但很有用。50年代初，这部辞典到了北京，是用藏文解释藏文的辞书，有很多宗教术语，由法尊法师和张建木居士把每一句解释翻译成汉文；又把法国人编的藏法词典、英国人编的藏英词典的一些材料补充到里边，50年代在北京出版，叫《格西曲扎辞典》，为学习藏文的人提供了极大的方便。

此外，有很多藏文作家是蒙古人。蒙古人真正肯下功夫。1419年嘉央曲结修建哲蚌寺的时候，先有个小殿堂，嘉央曲结等七个人当时就住在那里，现在这个小殿堂一直留在山顶上，纪念当年修哲蚌寺的辛苦。后来有一位蒙古人，东部呼伦贝尔的蒙古人，就住在这个殿堂里，四十七年没有下过山，一直在哲蚌寺山顶的小庙里修行、念经，这种精神令人佩服。

一路向东，与中华主流文化融合

藏传佛教的东传运动是一代接一代，没有中断，许多藏族人由于不适应内地的气候，患病死在内地，但是整个运动，藏族文化向中原主流文化传播的运动一直没有停止。藏传佛教在藏族内部有比较统一的仪式，形成统一的风格，服装、口头诵经方式、仪式等与内地的佛教不同，使内地人一看就知道是从西藏来的。这种传播打开了东部人民大众的眼界，开始接受这一新颖的、奇特的和神秘的新事物。

“活佛转世制度”是汉传佛教所有教派中都没有的，外国也没有的。活佛被称为“仁波切”（rin-po-che），香港翻译成“宁波车”，于是有人认为活佛是坐车，而且是宁波的车，把这个词完全误解了。“仁波切”是什么呢？它是对佛教上师的一个尊称，本来佛教有佛、法、僧三宝（dkon-mchog-gsum），“宝”本身是“稀有”的意思，稀有为宝，佛、法、僧这三者难得，人的一生很难得见到，转世成人就很难，能亲眼见到三宝就更不容易。在藏传佛教向内地传播的过程中，这样一种独特的宗教现象和文化逐渐得到了广泛的接纳，真正学识渊博的活佛受到大家的敬重。

东部主流社会的人，所谓汉地汉族，我再次强调我们现在没有真正的、纯粹的汉族，因为中国长期以来都有民族融合。最近一次是在清朝，军权、政权、财权、教育权开始都掌握在满族人手里，没有人强迫他们，但他们自觉地向汉民族靠拢，完成了汉化。满族人中出了很多优秀的人才，如启功、侯宝林等都是满族人。再往前的元朝，蒙古族人和满族人一样，把兵力分散在全国各地，控制和领导国家，为了领导好这个国家，也向汉文化靠拢，他们认为和主流文化靠拢更便于统治。蒙古民族的武功曾经震动了亚欧两洲，哲学家梁漱溟、地质学家李四光、作家席慕蓉等都是蒙古族人；再往前的辽朝，契丹人，这个民族后来基本上都融入中华民族了。现在还有蒙古族人、满族人，但契丹人已经没有了。而他们都是作为统治者主动向汉族文化靠拢而融合的。而我们知道汉族文化是以孔孟老庄的文化为核心，以宽容、仁爱、信义、诚挚这些主要的观念组成一个和谐的社会。再往前，“五胡乱华”时，在北朝，汉族是绝对的被统治者，但是所谓“胡”也都逐渐融入“华”了。

因此藏民族向东传的时候，他们发现了这一点。他们要将他们认为最好的文化向东传播，在传播的过程中，让东部大众认识到这是一个新事物。他们的传播遭到过挫折，但不断地寻求新的方式、办法，寻找结合点，比如先找到寺庙，使佛教界先接受，由他们带动，和当地领导人合作。这在四川最明显。民国年间，四川是刘家的天下，刘湘、刘文辉都是藏传佛教的信徒，经过他们的努力，在重庆缙云山成立了“汉藏教理院”，专门培养沟通汉藏文化的人才，培养人才先接受藏文化，然后汉藏文化得以交流。

藏族人民在传播的过程中得到很好的反馈，除了经济利益以外，他们还在中华主流文化的大家庭之中得到温暖，和大家庭和融的精神使他们得到一种期望，大力宣传藏传佛教的教义，使藏传佛教更有生命力，促使这个运动不停地进行着。

中华文化的多元一体，汉、满、蒙、回、藏、彝、苗、瑶等五十多个民族，文化上五光十色，这些民族的特点在中国境内都得到了充分的发展。藏族成为其中的一个亮点，无论歌舞、建筑、医学、艺术等都能给中华民族带来荣誉。我们必须对藏族文化的东传给予足够的认识，它到现在还在不停地向东传。除了在我国大陆东部地区，还在香港、台湾、新加坡……只要有中国人的地方，都在传播。其中难免有泥沙俱下、鱼龙混杂的情况，出了一些问题，但主流是好的。

二、九宫八卦护身符与马球：汉藏文化的双向交流

藏传佛教东传有个历史背景，就是汉藏文化双向交流。藏族也接受了汉民族的东西。比如我随身带的一个护身符："美隆"（me-long），正面的图案，最外层是金木水火，第二层是十二生肖，第三层是个八卦，最里边一层是九宫；它的背面是藏语的"a"（发"ɑ"的音），是观音咒的种子字。这个作为藏族人民企求平安的东西，当中就有汉文化的影响。上面是龙像，表示水；下面是火；右边是剑，表示金；左边是树枝，表示木。汉民族的金、木、水、火、土有所讲究，北方壬癸水，南方丙丁火，东方甲乙木，西方庚辛金，中央戊己土。在图上"金"和"木"的方向和一般习惯正好相反，但只要把它放到头上看，方向自然就颠过来了。九宫，八卦，也是汉民族的东西，所谓"河出图，洛出书"。这个五行，十二宿，八卦，河图洛书，显然是汉民族很早就传播到西藏的。所以说文化

藏族护身铜镜

交流是双向的，汉文化向西传播，藏文化向东传播。

“polo”（马球），是唐代和唐代以前很流行的活动，就是从拉萨传到西安，一直传到中亚，一直传到欧洲。英语中的“polo”这个词来自于藏语，《翻译名义大集》中有这个词。“polo”是线球，当时可能就是线绕成的，外边用皮子包起来，有一定的弹性，因为当时没有橡胶。有一个美国籍的德国学者劳费尔，他有一篇大文章《藏语中的借词》，他找到了藏语中的若干借词，藏语借蒙古语的，借汉语的，借波斯语的，借阿拉伯语的，借印度梵语的；最后一章是贷词，贷词是贷给其他语言的。他说：英语中的“polo”（马球），是藏语，马球是唐代传到欧洲的。

三、宋以后藏传佛教东传的加速发展

西夏人成为藏传佛教东传的中介

宋代，藏传佛教开始向东传，不是先传到汉地，是先传到西夏。当时与宋王朝对峙的有辽、金、西夏，西夏接受了佛教。范仲淹驻守延安，他的很多诗篇描写了西北风光，他防守的对象就是西夏。西夏佛教的来源有两个，一为汉族地区，一为藏区，藏族派出很多僧人到西夏传教。西夏后来被蒙古国灭了，国家消灭了，但是人民没有消灭，他们就成为蒙古人推行宗教政策中的第一批先行者。在福建泉州清凉山上有西夏人题记。在蒙古国做官，在杭州推行藏传佛教的杨琏真伽就是西夏人。西夏人沙罗巴通藏文、汉文，是八思巴的译员。西夏人成为藏传佛教向东传播中不可缺少的桥梁。西夏人分布很广，泉州、杭州等地都有，他们成为藏传佛教东传的中介。

元朝的宣政院在哪儿

后来，萨迦人自己着手传播藏传佛教，他们住在北京宣政院衙门里，也就是大护国仁王寺内，明朝的《帝京景物略》一书提到过大护国仁王寺，但清朝朱彝尊著《日下旧闻考》时该寺已不存，无考。其原址实际就在现在的国家图书馆，元朝时是皇家的庙，设有大护国仁王寺总管府，全国范围内占地十万顷，一千万亩地，在全国有各种各样的企业，有船码头、旅馆、饭馆、仓库等，这些企业的收入都供应这座庙，住寺僧人都是藏人。

北京在五、六十年代拆西直门修筑二环路、地下铁道的时候，发现城里还有城，现在在北京邮电学院旁边留有遗址——元大都城墙遗址，这是北京八景之一“蓟门烟树”。元朝的大都城中，六部以外，宣政院在哪儿？我问过做考古工作的徐苹芳先生，他也不能肯定。我认为极可能在大护国仁王寺内，因为这里既是宗教活动的场所，也是藏人聚居的场所，还是执行宣政院政务的场所。可以查一查《元一统志》，里面写着，广沅闸向东一里半，就是大护国仁王寺，这里为藏人聚居的地方，传播藏传佛教。

还有一个证明，一位藏族国师，叫管着儿坚赞（dkon-mchog-rgyal-mtshan），当时住在北京，住在大护国仁王寺内，发布法旨，立保护大灵岩寺法旨碑，现存于山东省济南市西边长清县大灵岩寺内，藏汉文对照，上面为藏文，下面为汉文，国师把它写下来，和尚刻成石碑，放在寺庙的门前，一般人是看不懂的，起到一种威慑的作用，保护着大灵岩寺。

大黑天神

大黑天神（Mahakala），“Maha”是“大”的意思，“kala”是“黑”的意思，是藏传佛教的神，他是从印度过来的，汉地没有，藏语又将之翻译成“怙主”（mgon-po），意为“保护者”。唐朝义净《南海寄归内法传》中，对印度的宗教进行了深入的描写，比玄奘法师的描写更深入，里面写到大黑天神在印度是管厨房的小神，没有多大的权威，但到西藏就变得非常阔气了。大黑天神在萨迦派、格鲁派、噶玛噶举派中，有二臂、四臂、六臂几种形象，颜色成为黑色。

随着文化传播，西藏人送给元朝一尊一肘高的乌金大黑天神像，并名之为战神，说能起到保护蒙古人得天下的作用，蒙古人对此很是敬重。大黑天神后来成为蒙古人的保护神。

到元朝灭亡的时候，就有一位僧人背着大黑天神到沈阳，后来送给了满洲的皇太极，皇太极、多尔衮用兵打仗的时候，八旗士兵都有一个护符像，这个像就是“mahakala”，但是这时的颜色已经是紫色的

六臂大黑天（18世纪，红铜，高74cm，北京故宫博物院藏）

了。多尔衮进京后，在北京修了五个“mahakala”庙，东西南北城供养“mahakala”，宫廷内还有一座“mahakala”庙。现在东城的“mahakala”庙（即多尔衮亲王府）仍在，西城的已毁，如今的首都体育馆就是在西城“mahakala”庙原址上建成的。“mahakala”这个护法神的传播过程也是藏族文化东传的一个结果。

南宋末代皇帝向忽必烈投降，最终出家

元代还应提到一个人，他对藏传佛教的东传和汉文化的西传起到了很大的作用。南宋时期都城在杭州，南宋的最后一个皇帝是宋恭帝（赵显），他三岁登基，年号德祐，他七岁的时候，蒙古人在伯颜丞相率领下大军压境，由于奸臣贾似道当权，人心涣散，毫无战斗能力。在没有办法的情况下，小皇帝与两代太后一起率领皇室投降，忽必烈接受了他的投降。元朝大军进城，把宫廷里面的文献、档案、玉玺等送到北京。忽必烈封他为瀛国公，由其祖母、母后带到北京。

忽必烈叫赵显学佛教。期间，宋朝抗战派领袖文天祥被蒙古人俘虏，关在北京。忽必烈不想杀他，想留下他帮助打天下，就让赵显去劝降。赵显当时只有十二三岁吧，文天祥被关在寺庙里，有士兵把守，赵显来了，对文天祥说：“先生你为我家出力，我很清楚，现在我都投降了，你也投降了吧。”文天祥哭着跪拜，说：“皇上，你请回吧，这个事情你不懂。”劝说

无效，于是忽必烈就把文天祥杀了。

后来忽必烈又把赵显安置到蒙古去。在十九岁时，他要求出家，深入学习佛教，忽必烈同意了，就把他送到西藏，送到萨迦，归帝师管理。他去的时候二十岁，他在萨迦学了藏文，学得很好，并翻译了两本书：《因明入正理门论》和《百法明门论》。早期汉地佛教对因明很注意，有这两本书的汉文译本，他就把它们译成了藏文。赵显取了法名，叫却吉仁钦（chos-kyi rin-chen），意思是“法宝”。译完后，他在书的最后一页跋尾上写了一段话，意思是说：“大汉天子出家，却吉仁钦，我，取汉本翻译、校对、定稿，是在萨迦大殿作的。”

他在西藏生活了三十二年，到五十一岁时被杀了，可能是由于元朝内部的宫廷斗争的结果。他的书却留下来了，现在保存在藏文大藏经《丹珠尔》“因明部”里。据说他被杀的罪名是写了一首反诗，什么诗呢？诗说：“寄语林和靖，梅开几度花？黄金台下客，何时得还家？”黄金台指北京。朝廷就将这首诗定他想造反的罪名，将他杀掉。

藏族人民对他非常纪念和同情，《红史》、《青史》中关于他的事迹都有记载，他译的书收入《大藏经》中，历代翻译师姓名录中都有他的名字。后来元顺帝和他的叔叔打笔墨官司，他的叔叔夺江山时将他的父亲（明宗）谋害了，当时有人说他根本就不是明宗的儿子，那是谁的儿子呢？就说是却吉仁钦的儿子。这完全是误会。我曾写了一篇《瀛国公遗事考辨》，收在

《西藏文史考信集》中。

明朝对西藏从未用兵：藏传佛教更为活跃

明朝时藏传佛教就更活跃了。明朝的既定政策是对西藏众封多建。正德皇帝（武宗）封自己做大将军，他学习了维语、藏语，给自己也封了一个“大庆法王”，他铸“大庆法王”印，天字第一号。明封八王，这是正史中可见的，有封号、有封地、有继承权的。明代对西藏的工作做得很好，整个明朝对西藏没有用过兵。最后发生了一些矛盾，尚书胡濙给皇帝上书，说每天供应藏传佛教四大庙人夫，每个庙要几百人夫，没有那么多的人，很扰民。这几座庙现在北京还有，大隆善寺，即今护国寺，在西直门内，又称崇国寺；白塔寺；西直门外的五塔寺；宝庆寺，《金瓶梅》第六十五回中提到宝庆寺是个藏庙，有个赵喇嘛，从这里可以看出明代的藏传佛教活动多么普及了。

清代修建的藏传佛教寺庙

清代就更多了。北京有皇帝带头支持修建的雍和宫，黄瓦的，原来是雍正做皇帝以前的雍王府，是潜邸，别人不能住，就改为寺庙，叫“dgav-ldan-bying-chags-gling”。东黄寺、西黄寺、雍和宫一直保持宗教活动：雍和宫主要是蒙古人，图布丹喇嘛现在掌权；东黄寺是五世达赖进北京时的招待所；

雍和宫全景

西黄寺六世班禅衣冠塔“清净化城塔”

西黄寺是六世班禅住的，现在已是藏语系高级佛学院了。十世班禅大师曾建议，说目前活佛转世后都是官员了，就没有时间读书，本来应该严格地定向培养的，课程难以进行，出家人担任行政事务多，对佛学修养不利，于是在北京办了一个高级佛学院，培训高级僧侣，是北京藏传佛教的一个点。嵩祝寺（20世纪初被烧毁了），对外称“番经厂”，就是藏文《大藏经》的出版社，印本得到保全，但版已不存，日本大谷大学有翻印藏文《大藏经》出版

河北承德普陀宗乘之庙

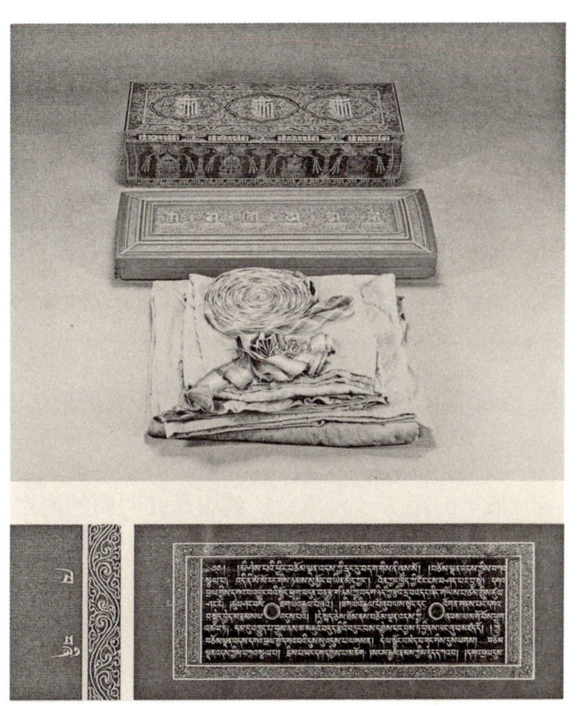

台北故宫博物院藏《龙藏》

的。在北京的藏传佛教寺庙一共有三十几所，西郊八大处经常可以碰到藏传佛教寺庙的喇嘛。

有清一代对藏传佛教的措施，仁波切有多少位阶，品位和俸银都有一定的规定，四大活佛——达赖、班禅、章嘉、哲布尊丹巴，管不同的地方，《理藩院则例》中记得很清楚。清朝在皇宫中也修藏传佛教殿堂，保存得很好，现在故宫中也看得到。有个中正殿是供奉藏传佛像的，太监偷殿里的东西，偷空了，怕无法核对，就放火烧掉了中正殿。清代故宫内的密修殿堂除中正殿外均得以保存。

其他各地的藏传佛教寺庙，如承德避暑山庄的外八庙，其中有普陀宗乘之庙、须弥福寿寺（仿扎什伦布寺）等很典型的藏传佛教寺庙群，面向满洲和蒙古，起到了维系藏传佛教对蒙古地区、满洲人地区的纽带作用，现在成为重要的旅游点。五台山，青瓦的是汉庙，黄瓦的是藏庙，比汉庙高一级，山顶上有个菩萨顶，是藏庙风景最优美的地方。这个传统大概是清朝继承下来的。

最早的藏文《大藏经》刻版是在明朝的南京；清朝又刻了，乾隆时期的刻本很精美，叫《龙藏》。

反正中国人，不管是汉族还是满族、蒙古族等，都把藏族看成自己人，是一家人！

第八讲

藏传佛教的社会化

一、争取王室和贵族的支持：吐蕃时期佛教的本土化

对中国来说，佛教是一个外来的宗教，它传播到中国，通过中亚向内地传播，经东汉、三国、魏晋南北朝，在中国内地获得了大的发展；此后六七百年，藏区才有佛教传进来。

佛教作为外来宗教，它想在中国站住脚，不管是在内地或者藏区，它都有一个经验——这是在传播过程中积累的，就是如何本土化。只有通过本土化才能站住脚，世界性的宗教在传播中都有这个过程，不过佛教表现得更明显一些。

佛教界一直努力探讨这个问题，如何本土化？佛教在藏区的社会化实际上就是本土化的过程。

从现在的文献来看，可信的就是在公元7世纪中佛教传入藏区，逐渐地进入藏区，这是一个探索的过程，经过一百多年的努力，8世纪终于取得成功。本土化的成功，是与它的社会化的努力分不开的。它努力争取到王室的支持和一些大贵族的支持。当时王室主流是支持的，特别是赞普本人很支持；贵族有时是和王室站在一边的，这对吐蕃的政局举足轻重。

桑耶寺最著名的一块碑

有几个文件足以证明当时王室和贵族对佛教的支持。首先就是桑耶寺和其他几座寺庙树的碑。桑耶寺这个碑就是当时所树，这个碑叫“兴佛证盟碑”，意思就是要兴隆佛教，叫大家参与宣誓来兴隆佛教。这个碑最后写道：“赞普父子与小邦王子、诸论臣工，与盟申誓。”这是桑耶寺最著名的一块碑。

此外，还有两道诏书，是赞普颁发的。这两道诏书即第一诏书、第二诏书，都是说明支持佛教的弘法行动，支持出家人，支持寺庙在社会上所做的公益事业。

在碑文上、诏书上，参与盟誓的人，一个一个地列了名字。这是一份长长的名单。首先列的是赞普，在赞普后面就是其他贵族，还有他的王妃，有的贵族一家一家地列入，有的贵族就把家族的名字列上，然后列上大臣担任的职务。这些诏书，《贤者喜宴》中有。《贤者喜宴》是16世纪一个藏族学者拔卧·祖拉陈哇写的，他是噶举派的出家人。他把诏书记录下来，将参加盟誓的人员，从赞普、王妃、小王开始，然后各个贵族、官员，一个一个都列上。把他们的名字写上，说明他们是站在佛教一边的。当时没有列名的也

很多，他们或者是观望的，或者可能是反对的。这也反映了在吐蕃时期，佛教在努力扩大它的影响。

修建桑耶寺时，请了外国的法师——就是现在阿富汗的，把大法师请来的目的，就是壮大自己的权威。法师是宗教界的权威，法力比较高深，道理也讲得很好，用他来壮大自己的队伍。这都说明了一个问题，藏传佛教一开始就努力在做佛教本地化的工作。

通过各种渠道传播佛教

在佛教本地化的过程当中，要向社会传播，就要通过各种渠道，比方说常见的文学、戏剧、语言的工具书、绘画、舞蹈、医药等各个渠道，都是为了扩大佛教的影响，使佛教能够站住脚。从这些传教人本身来说，他有造福社会的愿望，希望佛教的道理能被更多的人接受。他们向下层群众推广佛教，认为这样能使大家摆脱人世间的苦恼，能够得到解脱，得到解脱的快乐，以这种向善的心来推广它。这个过程就是藏传佛教社会化、本地化的过程。我们现在叫它藏传佛教，意思就是说佛教在藏区本地化了，佛教能够在西藏站住脚了。

出家人担任宰相

桑耶寺是第一个正规的寺庙，有佛、法、僧三宝，有出家人，有佛像，有经典。正是从这个意义上说，这个寺庙在当时可能是专门为赞普、高官做佛事的地方。更重要的一点就是，在墀松德赞和墀德松赞父子两代时，给出家人以特殊的地位。什么地位呢？汉、藏文献都有记载，汉文叫“钵阐布”，钵阐布可以代表当时的吐蕃政府与唐朝对话，他的职务很高，是僧相。白居易《白氏长庆集》中，有白居易代替皇帝起草给吐蕃的四封信，其中有三封是致钵阐布的，这是唐王朝和吐蕃赞普之间的对话，来往书函讨论一些外交的问题和当时边境的问题。对这些问题，当时的皇帝还是主张用书函来往讨论，在交涉当中就解决了，免得引起争论，发生不愉快乃至发生冲突。

这个“钵阐布”，从藏文碑文中可以看到，写法上有两个可能：一个可能是“dpal-chen-po”的对音；另一个可能是“bande-chen-po”的对音，其意就是“沙门”。“dpal”是一种尊称，后来的藏族学者都有，比如萨迦班智达就有“dpal-bzang-po”（吉祥贤）的称呼。“bande-chen-po”，是用来称

东岱（stong-sde）：吐蕃王朝时设置的地方机构，又可称作“桂东岱”（rgod-kyi-stong）。“桂”（rgod）释为“从事军务的高等属民”，“桂东岱”意为“武士千户（部、所）”，它既是吐蕃政权下设的军事组织，也是茹（吐蕃王朝的军政区域，吐蕃全境共划分为伍茹、约茹、叶茹、茹拉四大军政区域，各茹设长官、元帅、副将等，组成仅次于中央的地方军政机构）管辖下一级行政组织。据敦煌吐蕃文书记载，吐蕃共设六十一东岱，长官称“东本”（stong-dpon，千户长），小东岱长官称“东普琼”（stong-chung，小千户长），通常由某一地方大贵族世袭担任。

呼某些有很高声望的大学者。“bande-chen-po”和“dpal-chen-po”，历史上可能是发生变化了。“钵阐布”是“dpal-chen-po”的对音的可能性更大一些，即大沙门的尊称。大沙门就是大和尚，他的任职、地位可以代表吐蕃政权，所以我们汉文又翻译成“僧相”，即出家人担任的宰相。

其中见于历史记载的僧相至少有两人，一个是娘·定埃增。娘氏家族是吐蕃一个很大的家族，六十一东岱及四十小邦里头他们都是大家族，这个家族姓娘（myang）；汉语翻译这个姓时，有人翻译成“尼洋”，前藏娘曲就译成“尼洋河”。可是在后藏地区也有一条娘曲，为了区别，后藏娘曲就翻译成“年楚河”。在这个娘氏家族里出了娘·定埃增，他担任过墀松德赞童年时候的老师，保护、教育了墀松德赞。墀松德赞取得政权、登上了赞普的位置以后，就给他封官；后来到了墀德松赞时，这个位置也一直保持着。这个就叫大沙门，往往参与会盟。和唐朝的会盟要稍晚一点，参与的是墀祖德赞时期的一位大沙门，叫枕喀贝云，在公元9世纪初，那个会盟名单也有，在拉萨“唐蕃会盟碑”上，其中有他的名字。

可以看看《白氏长庆集》，还有《陆宣公文集》，他们二人都代表皇帝起草过文件，其中有写给钵阐布的文件。这说明了当时佛教徒所代表的事业已经在吐蕃社会占有很高的地位了。另外在碑文里也有记载。还有《贤者喜宴》这本书，其中关于吐蕃和唐的关系有很长的一段，黄颢同志把它翻译成汉文，在《西藏民族学院学报》上连载了十几期，看了就知道在吐蕃赞普时期佛教已取得一定地位，有一定的影响，有一些贵族支持它，王室也支持它。后来有反复，那是后来的事情。

二、译经和佛教的社会化

佛教利用藏区当时的条件，进行制度化，首先的任务是翻译经典，把佛经翻译成藏文，因为大部分经文是印度的法师带到西藏的梵文原本。到公元6～7世纪时，印度教成为印度社会的主流，佛教已经进入困难时期，佛教要同印度教争地位、争群众，只好向印度教靠拢，学习印度教的一些东西，比方印度教里密教的东西。就是在这个时候，佛教传到藏区来，所以藏区既传播显教也传播密教，这是时代的关系。

早期佛教传到中国内地的时候，那时的法师们都抱着传教的热情，没有被迫的压力；传到藏区时不同，已受到很大的压力，因为这时显教的经典已被大量地翻译。

藏族不拒绝向别的民族学习，佛教传入后更促进了向其他民族学习的精神，佛经翻译工作进行得比较快，成果也较多。

佛经翻译的另一个来源就是内地，当时内地的佛教已经历了七百多年，佛经的翻译已相当多，所以已有相当多的成果，在内地已形成了若干宗派，如净土宗、禅宗等。内地的佛教向西藏传播也在这个时期。

从藏文的翻译来看，有一些藏文专家懂得汉文，他们就从汉文翻译。这时翻译经典成为社会的热潮，我们可以从敦煌卷子中看出，当时对佛经的翻译很热衷，在社会中很普遍。敦煌藏文文献中，比较完整的有五千多卷，其中百分之九十几都是佛经，其他的是一些社会经济文书、历史文书、医药文书，它们与佛教也有点关系。

翻译的程序和经验

古人翻译的时候场面很严肃，翻译工作的地方叫译场，在译场翻译有规定的程序，一起大概六七个人，汉文、藏文都精通，先把汉文的原典这一段诵读一遍；大家听这段话念完了，就一个词一个词地，拟订一个翻译的意见；然后传下去，记录下来；然后核对；还要润色文字——意思虽然不错，但要文辞漂亮，更文雅一点；最后再校正。

佛教传入中国之初就开始了佛经的翻译工作，翻译中积累了许许多多经验，但有些佛经翻过不止一次，是什么原因呢？就是翻译的意思对了，但是文辞不够美，所以有些经有三种、四种、五种甚至更多的译本，像《心经》，我们现在能见到的就有七八种译本。为什么？因为第一，必须忠实；第二，能传达原来的意思；第三，还要雅。后来总结出来“信、达、雅”的要求，藏族、汉族都有这样的经验。藏文字母是参照梵文字母创造的，它是拼音的，所以藏文翻译梵文会比较快。

工具书中的赞普诏书

这时候产生了两本工具书，一本叫《翻译名义大集》，就是在梵文翻译成藏文当中积累的词，这本书有九千多条词语，上一世纪中期由日本榊亮三郎重新编排，增加了英文、日文。这本书影响很大，规范了翻译用语，这是佛教在藏区进行社会化过程当中的一个成果。到墀德松赞时期，觉得《翻译名义大集》有些问题，因为语言是变化的，而文字变动较慢，文字和语言之间是会产生一些距离的，所以语言过几十年、上百年就会有变化，在藏语里面也是这样，于是在翻译中出现了新问题，然后就又出了一本工具书，叫《翻译名义中集》，也叫做《两卷本词语集》。这本书的重要性是把赞普的诏书放在前头。赞普诏书说：现在我们翻译词发生了一些问题，为了统一我们的译语，现在规定了三个原则：一、文字要切合语言；二、改变了语音的词汇，过时的文字拼写法可以取消。在藏语拼音方面，有前加字，有后加字，有上加字，有下加字，后加字后面有再后加字，常用的再后加字有两个，一个是“s”，一个是“d”，不发音的再后加字“d”在常用的藏语里不存在了，所以要取消。这可能是公元826年——这一年是马年，发出的诏书。可见在社会化当中，也有王室的力量推动。总之，这些学者们在佛学翻译上起了很大的作用。

三、佛苯之争与顿渐之争

在这个时期还有两件大事情。

佛苯之争

一件大事就是佛教徒和苯教徒发生争论。争论中当然是佛教徒占优势，因为它有很精密的哲学，它有一整套的关于人生观、宇宙观的理论。按照佛教徒的记载，当时是佛教取胜，当然现在有很多苯教法师不承认这个说法。现在看到的文献是这样记载的：在佛教和苯教的一次辩论当中，佛教占了上风，苯教争论失败了。这次辩论规模不是很大，很快就解决了，因为苯教理论上力量不是太大，不是对手。

顿渐之争

这种外部矛盾刚解决，内部的矛盾又起来了，佛教徒内部分成两大派，一派叫做渐门派（rim-gyis-pa），一派叫做顿门派（cig-car-ba），按照汉文记载，叫渐门和顿门。渐门派表示，佛教徒要想成佛，要逐步逐步地修炼，而且逐渐地深入，逐渐地提高；顿门派则说不需要这样，只要靠自己运动开悟，一个机遇就可以达到解脱，只要到了机缘，一下子就可以达到觉悟。据说这两派在宫廷中展开辩论。这是当时发生的第二件大事。

现在有人提出来，当时的辩论是用什么语言？有人认为是书面的争论。当时在哪里辩论的？有人说在桑耶寺，也有人说在拉萨。有很多书都是关于这次辩论的。据说是成都禅宗宝唐寺的人到西藏传播，还有人说是韩国金和尚到西藏传播。这次争论是有的，记录的结果不一样，大部分是说汉地的和尚失败了，小部分说是印度僧人失败了。但是，藏传佛教中明显地受了内地禅宗的影响，培养了一批僧才。藏族僧人水平提高了，这有利于佛教的社会化。

藏医藏药取得了很大进展

与此同时，藏医藏药取得了很大进展。宇妥家族是很大的贵族，过去住在拉萨宇妥桥后面的一所大房子里，晚近还有人担任噶伦。这个家族的祖先是吐蕃赞普的宫廷御医。医药在佛教社会化中起了很好的作用。出家人和寺庙的信念里，救济事业很重要，治病是很好的联系群众的方法。

佛教社会化取得不少成绩，经过两次大辩论，达到初步的胜利，后来却遇到一次严重的挫折。当时汉地发生了唐武宗“会昌法难”，藏区的王室内部发生了朗达玛灭佛。有新的材料证明朗达玛原来是佛教徒，为了取悦于新的力量，才打击佛教。表面上看，佛教受了严重的挫折，寺庙被封，僧人被赶走，经典被毁，但这时佛教得到了另外一个发展的机会，就是转入民间传播，恰恰使它得以与民间文化结合，在家庭中传播，深入民间，作为民间的

秘密活动而存在。现有的材料说明，朗达玛打击的对象是王室支持的寺庙和住在寺庙的出家人，因此佛教转入地下，保护了他们自己。

上路弘法和下路弘法会合

此后，藏传佛教在藏区表现为新的形式，和原来土著信仰的苯教靠拢了。佛教在受到打击的时候，并没有胜利者，没有见到苯教得到很大的发展，都转入了民间，后来见到的许多事实都说明了这个问题。到复兴时期，阿底峡来了，上路弘法和下路弘法会合，寺庙一下子就恢复了，如果原来没有民间基础，那是不可能的。

吐蕃有强大的军事力量，而政治制度和文化措施跟不上，文化上是滞后的，军事一旦失利，没有主心骨，吐蕃王朝很快就垮下来了。它失去了中心，最后不得不依靠佛教，这可能是一个原因。社会上新的领袖人物不是小王益西沃，而是阿底峡大师，他以严守戒律树立自己的形象，他的弟子们建立了噶当派。当时藏区各地方势力往往用自己的力量支持宗教活动，来赢得群众的支持。佛教当时是个主流，尽管受到严重挫折，但有民间基础，在新的形势下显示了它的力量。

四、藏传佛教艺术的社会化

喇嘛嘛呢

喇嘛嘛呢，是一种藏族说唱艺术，喇嘛一个人背着经版，走到一个村子，张挂唐卡，就开始说唱表演各种佛经，既说又唱，这是传播佛教的一个很好的手段。开始是一个人表演，是藏戏的萌芽。为了宣传佛教，后来有了服装、面具、文学内容的剧本，藏戏成为独立的艺术，是佛教走向社会化的重要工具。

唐卡

佛教在绘画艺术上也作出了贡献。礼拜者需要一个形象，尤其家庭传教，需要可以“心作观想”的家庭供养形象，于是就适应群众的需要，产生了新的品种——“唐卡”。唐卡（thang-kha），这个词有多种解释，一种解释是“挂着的轴画”。它的本义是什么？“thang”，表示权力，王颁布的诏书叫“thang-yi”，后来汇集成书，叫“噶唐”（bkav-thang）。这种绘佛画的卷轴是具有权威的一种东西，将它裱起来，挂起来，有一定的权威性，所以叫“thang-kha”了。唐卡代表藏族绘画艺术成就的一种。有本书叫《西藏绘画史》，作者是美国人大卫·杰克逊，他引用大量藏族学者的著作，并对唐卡的起源、布局、色彩、分类做了很好的研究。——可以说，佛教向社会

推进的时候，唐卡等艺术品起了很大的作用。

唐卡成为藏族绘画的艺术，归功于藏族艺术家们精心的创造。有两个派别在山南和拉萨。另外，在青海黄南同仁县有个五屯画乡，共三个自然村，约二百户人家，有祖传的绘画艺术，家家户户、男女老少皆以绘画为生，供应西藏、尼泊尔、不丹等地。传说当年宗喀巴大师经过这里进入西藏，当地人求他留一些指示，大师说：你们学经，脑子不够；给你们一支笔，就学画像吧。后来真的家家会画。当地人说这是宗喀巴大师留给他们的谋生手段。1953年、1954年中央美院有个学生毕业后到了那里，至今仍在那里研究藏族绘画，那里有个研究所，有很多精美的作品。

总之，这是佛教社会化发展的一个途径。

此外还有塑像。最近出版了《藏族雕塑艺术》六卷，分石雕、木雕、泥塑、擦擦、金铜佛像几个类别。

很多精品在故宫，各地进贡给皇上的，送来的都是好东西，故宫里的大黑天神有各种形象，非常精美，《故宫藏传佛教艺术》一书，发表了故宫收藏的金铜佛像。

擦擦

擦擦（tsha-tsha），就是用泥做的脱模小佛像。《元史·释老传》有“擦擦”这个词。擦擦主要是小型佛塔、佛像；最大的有一尺，是嵌在寺庙墙上的。《米拉日巴传》记载米拉日巴的母亲死后，米拉日巴将她的骨灰和上泥做成擦擦。最珍贵的擦擦往往是和有大师的遗骸骨灰做成的，很多藏传佛教寺庙的塔里都有摆放。天津刘栋出了《西藏擦擦艺术》一书，可以参看。擦擦和群众关系密切，也是佛教社会化的一个作品。

翱氏家族叔侄两人对因明学的发展作了重大贡献，因明学的重要论著差不多全部翻译了。这也是藏传佛教的贡献。大小五明，为藏传佛教培养僧才。僧才有足够的力量，收集到不同的藏文译本，《甘珠尔》，《丹珠尔》，一切经论。这个时候是复兴时期，藏传佛教进行社会化的活动取得巨大成功，获得了巨大成绩。

藏戏

藏戏的创造也在这个时期，这是一个新的剧种，用音乐、美术（面具）、舞蹈等表现文学内容，早期演的故事都是佛教故事，后来有了发展，但还是离不开佛教内涵。60年代初有一本书*Storys of Tibetan Opera*出版。

五、庄园制的产生与选官制度

适应封建农奴制度下的政教合一政体的要求，庄园制在10世纪产生了。在原来的奴隶制制度下是不会产生庄园的，因为奴隶一无所有，全力为奴隶主服务，土地、牧场都是奴隶主的，所以奴隶本身对生产并没有什么兴趣。奴隶大起义后，吐蕃王朝垮台，社会大动荡，逐步出现了农奴制度。

公元997年，在阿里的普兰，当时的阿里小王把这一片土地包括房子，赠送给大译师仁钦桑波，说："这片土地和这片土地上所有的房屋都送给你，作为你的私人的所有。"此后，庄园制产生了。仁钦桑波是一个大译师，是佛教的一个大师，他自己不能进行生产劳动，就招募一些人来进行生产，这些人到他这里参加生产就再不是奴隶的身份了，而是农奴。这些人就围绕着中心的这座房屋——他的住处所在，盖了一些小房子，这些小房子就

藏戏（a-ce-lha-mo，音"阿姐拉莫"）：藏语意为"仙女阿姐"。14世纪噶举派的著名僧人唐东杰布被奉为藏戏的祖师。传说他为了修建铁索桥而创造了藏戏，四方表演，筹集资金。藏戏缘起于佛教跳神仪式，17世纪时，五世达赖将其从宗教跳神仪式中分离开来，成立了职业剧团，表演经过艺术加工的佛经故事和民间故事。主要采取广场演出方式，有简单化妆，戴面具，从面具造型上区别人物的善恶；唱腔丰富多样，根据剧情更换唱腔；表演中还配合有舞蹈。历史上著名的藏戏剧团有山南的宾顿雪巴、扎西雪巴，拉萨的觉木隆剧团等，依据面具的不同分为白面具派、蓝面具派。目前除西藏自治区藏剧团外，西藏各地都有自己的藏戏队伍。藏戏传统剧目尚存十多种，其中最著名的为八大藏戏，即：《文成公主》、《朗萨文巴》、《卓娃桑姆》、《直美衮登》、《顿月顿珠兄弟》、《诺桑王子》、《苏吉尼玛》、《白玛文巴》。

是农奴的家。这些人为他生产，同时他也让这些人有一份土地，除了为庄园主劳动以外，还有时间在自己的小块土地上劳动，这一小块土地上劳动的收入就归农奴自己。这些农奴对生产就有了兴趣。为了在小块土地上生产，取得必要的生活资料，因此他也有工具，有简单的农具和耕牛。

敦煌文献中常见的“突”是什么

当时藏族生产的技术，是采用二牛抬杠，两头牛绑在一根木头上，一个人在后面赶牛耕地，另外一个人撒种。这一对耕牛叫“突”（dor），这一对耕牛一天所耕种的土地面积也叫一“dor”。这个词在汉语里就翻译成“突”，这是敦煌的汉文文献里常见的词。曾经有很多人问这个“突”是什么意思？这个“突”的汉文是从藏文翻译来的，纳突，交纳突税，这个“突”其实就是“dor”，一突就是二牛抬杠一天所耕的土地，是日本学者池田温发现这一解释的。

在西藏奴隶制大动荡以后，十室九空，社会经济发生极大的困难，造反的人也受不了，希望能够有个家，能够有个老婆生娃娃，有自己的吃的、喝的，有自己的生活。那时造反的队伍像一阵风一样，一会儿吹过来，一会儿吹过去，社会受到极大的破坏，这些造反的人也感觉到长期这样下去不是办法。最后，农奴制的产生满足了人们的需要。所以这个新兴的制度很快在后藏和前藏发展起来，各地的豪强成为农奴主，而广大劳动者愿意依附豁卡

（庄园）生产，他和豁卡主（庄园主）的关系就是农奴和农奴主的关系。这是自然地顺应历史潮流产生的。

这些农奴的希望寄托在菩萨身上，寄托在来世，因为各级管理人才的职位根本不可能在农奴中产生，而是由一些大的世家把持着，各级豪强把持着。政教合一政体形成以后，各地方产生万户，万户下有千户、百户这些官员，提名不会提到老百姓身上，都是贵族豪强势力中产生的，老百姓只求能在这里安定地干活，能养活一家人。有的人就想：假若能承包更多的土地，我就找一些流亡的人来干活，我再腾出工夫来干别的。后来出家的人就有了希望，就是在这些出家的人里头，在寺庙里面念经念得好、考上学位的人，也许有机会弄到一官半职，——那是有限的，哪怕是出家人，优先选任僧官的还是贵族子弟出家的，——他们有一些是能担任僧官的，明朝的时候在各地方做官。

当时西藏的基层行政建制是“宗”（rdzong），就相当于县一级行政建制，当然它的面积可能有大有小，有的豁卡比较大，大的叫宗，一个宗有若干豁。那么宗里面的行政官员从哪里来？开始都是由贵族担任。宗以上的机构是“吉宗”，我们叫地区，这是几个宗联合在一起的机构，那就得由更大的贵族担任。到最后，格鲁派当政的时候，实行政教合一制度，格鲁派掌权，设立僧官。僧人念书念得好，念经念得好，为了出人头地，考取学位——格西，就有机会选拔出去当僧官。这僧官很可能是副职，也可能是正职，一般是选一些贵族子弟出家的，他们可以优先。但也有一些贫苦家庭出身的出家人有机会当官，挤到上流社会里来。僧官往往带有权威性，就是由政教合一的政体决定的。当然对出家人来说，很少有几个能达到令人向往的位置。僧官的最高职位叫噶丹墀巴，能担任噶丹墀巴者往往都七八十岁了，只有七八十岁的人才有资格被选上去。这个职务很重要，达赖喇嘛去世，新的达赖喇嘛没有认定以前，他有权接替达赖的职务，可是全藏区就只有一位噶丹墀巴。

我们拿这个和内地比较就可以知道科举制度和藏区选官制度的极大不同。内地从孔夫子那时候开始就有私学，孔夫子弟子三千，贤人七十二。他就是办教育的，不是官学，没有国家支持的经费。教哪些东西？礼、乐、射、御、书、数等，学生可以选学哪一科。当时也要交学费，叫“束脩”，据说就是带一些干肉之类的物资。以后内地有许多书院，就是培养当地的学员，和藏区不同。

寺院教育的缺点在哪里

藏区寺院教育的缺点在哪里？寺院教育当然培养了僧才，培养了大小五明很多大学者，尤其是这个因明，那是非常了不起的，是非常精细的辩论。可是对社会发展来说，只有寺院教育，这是一个缺点，它没有办私学的地方，不存在普遍的教育，所以就没有普遍的考试制度。要进行学习就要进庙，而进庙就只有这一套教育，这就是它的缺陷。内地长期以来是由科举制度选拔人才来担任公职，这个科举制度先是县考，然后是府考、省考，再往中央一级，也即秀才一级、举人一级、进士一级，三级就说明考试的进度如何，然后决定任命什么工作。当时有四个字，叫“有教无类”，谁都可以参加，只要你有才华。

现在情况不同了，在藏区有好多藏族学者成为某些学科的领军人物。据我所知，最早的是学畜牧兽医的，青海的一位藏族青年在日本获得博士学位，成了这方面的专家，这在以前是绝不可能的。因为在藏区的传统教育中有个缺点，这个缺点是什么呢？就是轻视劳动者，轻视技艺，认为劳动者是贱民，特别是劳动者本人也认为自己是贱民，这是从印度传过来的观念。印度是分为四个等级的，其中最后一个等级就是“贱民”，是不可接触的人，最悲哀的是这些贱民也认为自己是不可接触的，走到街上时，他拿着梆子敲打，说：“不要被我碰到，我是不可接触的啊。”这种观念对藏族社会产生了一定的影响，有些劳动者，如打猎的人、打渔的人、屠宰的人（会杀牛杀羊的人）和天葬师，还有打铁的，一共五六种人，这些是最为人轻视的。其实在许多地方，打铁的铁匠中产生了很多杰出的人，有很多制造业是从那里产生的，但这种人在藏族旧社会里被看不起，被认为是贱民。像这样轻视劳动者，轻视技术，使社会长期停滞不前，这就是毛病之一。

佛教社会化的过程中，有很多杰出的佛教学者，也培养了很多杰出的人才，在很多学科作出重大贡献，但是也有缺陷。本来选拔人才，任人唯贤，考试制度是后来不得不采用的办法，当然考试的东西不只是考辩论，专门考佛教道理的理解，还应该考应用的学科吧。

愤世嫉俗的更敦群培

在西藏封建农奴社会，有识之士就感到憋闷，感到自己受了委屈，就会尽量找出路，不想沿着前人的路，尤其是在新的时代，周边这些民族或国家里都产生了新的变化以后，这个风吹过来，就产生了像更敦群培（dge-vdum chos-vpbel）这样愤世嫉俗的、想改革旧制度的人物。

更敦群培是青海人，格鲁派教徒，从青海到西藏后，他的思想产生了很大变化，愤世嫉俗，最后跑到印度，学会英文，见到了很多新事物。我们中国人中最早接触敦煌藏文卷子的就是他，因为他在印度有机会接触。他把敦煌的《吐蕃历史文书》用藏语改编，40年代初出了一本书叫《白史》。他还在印度帮助白俄学者罗列赫翻译《青史》。可以说，没有更敦群培的帮助，单单罗列赫是不可能翻译得这么好的。《青史》里面有一些内容尤其是关于一些密宗教法、一些训练修法、一些仪轨的内容，是更敦群培帮助了他，所以才翻译得极好。

更敦群培在印度参加了一个组织，他们几个藏人组织了一个革命进步党，想改革西藏的社会。当他决定回到西藏来从事革命活动的时候，印度那边的英国警察早就掌握了他的活动情况，把他要回西藏的事情通知了西藏地方政府，地方政府噶厦等他一到西藏就把他关起来了，后来又将他流放。此后他就成了一个疯疯癫癫的人，社会也不容纳他。因为害怕和更敦群培有关系要受到牵连，社会上的人不敢跟他沾染。他很孤独，所以他写了很多东西，比方说《世界环游记》、《白史》。更敦群培的思想很不一样，他早就发现佛教界有一个很大的缺陷，就是男女不平等，这对女众是很不公平的。他认为女众对人类来说，作为人类的一半，贡献往往比男的还大，——每个人，不管你是什么人，连圣人都是女人生的，——这一点他是坚信不疑的。这些著作都是愤世嫉俗的，那时候不敢传播。

更敦群培是那个时代产生的人物，他立志改造这个社会，想使僧人能有更开阔的眼光，投入到社会建设、社会发展的事业中来。可惜他后来被一个醉汉在拉萨街头打死了，死得非常惨。

最近，住在法国的英国人海瑟·斯托达德（Heather Stoddard），一位汉藏学家，写了一本《安多的托钵僧》，就是更敦群培的传记。前两年，北京藏学中心有人写了一本《20世纪奇僧》，里面收集了更敦群培几乎全部的资料，访问了他的妻子、他的女儿，收集了他的绘画、他写的诗，证明更敦群培是一个多才多艺的人。可是在那个时代，他大才难展，一直很寂寞，是很悲哀的。已经出了好几本他的藏文著作了，现在出了一个汉文本，国外出了一个法文本。2003年是他诞辰一百周年，国内学术界举行了一些纪念活动。

从以上各方面可以看出，藏传佛教做了很多事情，使藏族文化得到了发展，一批批佛学大师做出了巨大成绩，在佛教的文化领域也做了很大的贡献；但也有缺失，就是阻碍了社会的发展，可能从印度传过来时就带有了一些重大缺陷。现在我们可以更客观地来认识、审视这些东西。

第九讲

封建农奴制下政教合一与藏传佛教

一、“政教合一”制度的源起

封建农奴制的政教合一体制与藏传佛教有什么关系？怎么样来梳理它的情况以及走向，包括它的弊端？因为在政教合一的政体下，宗教完全站在统治者这一边了，统治权是绝对的。绝对权力往往带来绝对腐败，所以藏传佛教本身受到世俗利益的驱使带来新的变化，这些变化有负面的影响。我现在大概谈一谈这些问题，当初作为一个群体，这个民族是怎么走过来的，是如何适应的。

藏传佛教和苯教曾经有过冲突，甚至有流血的冲突，后来逐渐和解、理解、融合。现在尽管佛教徒和苯教徒之间还有一些各自的歧见，但在大面上，苯教已成为佛教的一个部派而存在。比方说西藏佛教协会、宗教局，管理佛教，就把苯教纳入佛教管理机构；藏传佛教的一些制度，比方藏传佛教的活佛转世制度，苯教徒也接受了，现在苯教也有活佛转世制度。这样大的一个举措都被接受了，苯教和佛教之间还有多大差别？

江孜宗山远眺

早期，佛教传进来以后，它努力于本土化，就是“藏化”，这是佛教第一个任务。第二个任务，它能在人民群众中立住脚、扎根。这不是一蹴而就的，也经过了一些挫折，几乎被赶出藏区。后来有一些聪明人、有经验的人，像莲花生大师这样很了不起的人，他能够折衷地想一些办法来处理、解决面临的问题。现在，人们把他的这些办法神化了，实际上他用的是一些很高明的策略，使佛教尽可能在藏区扎根、本土化。我们可以发现，在藏区有那么多护法神，所有的护法神其实都是为了适应佛教本土化的需要而设立的，就是为了使当地群众容易接受，对佛教不致感觉到陌生，这些护法神在佛教本身找不出历史根据。这样，本地的民间信仰就和佛教慢慢走近、走到一起，佛教里面有很多按传统佛教来说并非属于佛教的东西被接收进来，它使当地群众感觉很自然、很亲近。

藏传佛教中的关公

诸位知道，关公（关羽）本来是历史上的人物，三国时期蜀国的一位大将。关公长期以来在民间成为一个很受尊重的、崇拜的武将，而且义薄云天，成为一个很讲义气的模范，所以给他种种荣誉，逐渐上升为“关圣帝君”，给他封了神，后来在全国各地有了很多关帝庙，这大概是由于元以后提倡“义”，不提倡“忠”，因为提倡忠对蒙、满等少数民族统治者是不利的。

藏传佛教居然也把关公吸收进来，我们看到这个情况觉得很有趣。在藏区也有关帝庙，拉萨布达拉宫西南角上有个地方叫磨盘山（bam-po-ri），属于功德林寺管的，功德林寺就是永安寺——四大王寺之一，磨盘山就在功德林寺后面，山顶上有座关帝庙。当地藏族人管它叫什么？叫“格萨尔拉康”，格萨尔是藏区的英雄。我到拉萨后去看了一下，进来以后一看，啊，就是关帝庙，可是当地人就把它纳入藏族的民间传说系统来了。关公在那儿的地位就和格萨尔差不多。最委屈的是周仓了，因为关帝庙里有周仓，络腮胡子，比较勇健，相貌难看，藏族人就给他安了个名字叫“晁同”。大家学过藏族文学就知道了，晁同在《格萨尔传》里可不是个正面人物啊，他是一个叛徒，周将军成为晁同，真委屈，不过谁也不理会这些。藏族老百姓也很尊重关公，就把他提到护法神的系统里面来了。还有，八思巴在北京举行过一个大的“白伞盖迎神庙会”，抬着白伞盖神在整个北京城转，转神的时候把关公请出来做护坛神将，就是护法神。这就是藏传佛教的传统，和内地佛教也差不多，就是如何使它本土化，使它如何和本地信仰和解、融合的过程。

佛教初步站住脚了，建立寺庙，有出家人，翻译经典，佛、法、僧三宝俱足了，有一些成果，但并没有从根本上解决问题。早期吐蕃时期，社会上有一股暗流，其实这些冲突是隐藏的，表面上看是佛教和苯教的斗争，可实际上是王室和贵族之间、氏族之间、派系之间很严重的斗争。

“反上之变”

以反佛教为藉口而出现的一次大的社会动荡，使吐蕃的生产、生活、社会秩序受到极大摧残。广大奴隶什么都没有，就希望这个动荡越大越好，反正“我光脚的还怕你穿鞋的吗？”在藏族历史记载中，这叫“邦金洛”（vbang-gyen-log），就是反上之变，即群众反上的一个运动，实际上是受不了奴隶主的压迫了。这次动荡延续了相当长时期，有些领军的部落势力，比方驻在安多一带（青海、甘肃）的军队就闹独立了；西部藏区，就是靠近新疆地区的部落，也离开了本部。奴隶起义席卷全境，到处挖赞普的王陵，曝尸于天下，还有的人就是想发点财。就这样，整个生产受到极大破坏。

大动荡持续之下，两败俱伤，两大阶级贵族瓦解，各地出现一批新的权贵豪强。在当地有军事力量的，有号召力的，在这些运动中积聚了力量、成为核心，就形成一个个势力集团，占山为王，谁也管不了谁；原来的军阀又形成军事集团，吐蕃就分崩离析了。

造反的人反复宣扬反佛教的口号，但实际上与反佛教的初衷相反。佛教就逐步转入民间，转为家庭传承，佛教里宣传的思想、理念、追求通过家庭反而流传下来了，有些有修养的法师就知道哪些特殊的法在哪些家族传承。

动荡当中，一些奴隶身份不明确了，因为他原来属于某一个主人，现在主人垮了，他不知道自己该往哪里去，就像蜂群一样，一会儿涌到东，一会儿涌到西，涌到哪就把当地秩序搞乱了。在这种新的情况下，新的势力集团就来招募人群。前面讲过血亲复仇和赔偿赎金的产生和发展，后来新的制度就出来了，就是谿卡制度——庄园制度，属于封建农奴社会了。

二、庄园制度下的生产关系

在大动荡社会里，原来两大阶级瓦解，新的制度产生，谿卡制度和佛教相结合。第一个谿卡是公元997年由阿里王子赐给大译师仁钦桑波的。仁钦桑波在当地很有声望，当时年纪已经比较大了，所以当阿底峡大师来到西藏，第一个就跟他见面。阿里小王是从卫藏一带流亡到那儿去的，他的“王”的意义已经和原来不一样了，只是地方小邦的一个诸侯而已。有文件证明，这个谿卡就是后来封建农奴制度的一个最基本形式，因为他有土地，就招募流亡人员来生产，给予一定报酬。原来的奴隶及其子孙，就摆脱了原来的衣食无着的流亡生活，投到庄园里面来。庄园和奴隶主领地不一样，农奴和奴隶不一样。凉山的奴隶主和奴隶的关系，与西藏的农奴主和农奴的关系，有很大差别。藏传佛教的高僧就在这个时候起了作用，当然，经济基础是社会发展的基础，不能排除生产关系的变化。

农奴主和农奴

新的贵族——农奴主可能有一个、两个或更多豀卡，为了发展势力，就招募一些人，并与这些人形成一种合同关系，或订一种盟约的关系，你给我干活，我就给你一份地。公田你帮我生产，剩下的时间你在给你的那份地里自己干，这样就有利益可图。13世纪以后差役制度产生，这些人就成为差巴。于是一些新的贵族即农奴主产生了，他们占有绝大多数劳动果实，而原来广大奴隶的身份变更了，成为新的生产者，以新的生产方式缔结盟约关系，就是农奴了。

但也要看到，并不是每一个农奴都能找到合适的工作机会，并不是每一个农奴主都能开明地、公平地对待农奴，所以就出现了一些农奴流亡的情况，或者是农奴一直没找到可以投靠的人，社会上就产生了一些流动的人。这些流动者或者再找到地方稳定下来，但不一定是帮农奴主干活了，他帮农奴主下面的人干活，就形成新的阶层——烟火小户，这种人不直接和农奴主发生关系，就是堆穷（dud-chung）。

“家生子儿”

再下面的连这点地位都没有，就是逃亡的人，他们不堪忍受剥削，是从农奴主家中逃亡出来的，投身到新的农奴主或差巴家里，也不领你的土地，我就在你家里，你叫我干什么我就干什么。这些人没有土地，没有生产工具，只有劳动力，成为家庭的奴隶。这种奴隶在藏语拉萨话里叫“囊生”（nang-gzan），就是“家生子儿”了。具体干活时又分两种人：一种叫“bran”，做田间劳动；另外一种叫“g · yog”，是家庭服务的奴隶，比方背水，做饭，饲养平常骑的马、家用的牲口，织氆氇，缝衣服等家务活。有时联合起来叫“bran-g · yog”，也是一个阶层。

“占”（bran）在吐蕃王朝时期就有。前面我们讲到吐蕃时期的僧相，一个叫娘 · 定埃增，另一个叫占伽 · 贝吉云丹（bran-ka-dpal-gyi-yon-tan，按当时藏语发音读作“勃阑伽 · 贝吉云丹”），他可能就出身于奴隶，然后爬到这个位子了。他的传记我还没有读到，但从名字上看可能出身于这个阶层，也可能是他的姓氏。

差巴是西藏农奴制社会的主要劳动阶层，所以元朝统计户口主要统计这个阶层，下面的阶层不往上报告，囊生更不用说了，他都不能立户，就是属于农奴主的，家庭生活都谈不上，有时就是男女奴隶生活在一起。

在这个时候，迫切需要佛教帮助解决社会安定问题。阿底峡来了，接着噶举、宁玛、萨迦等派别都建立了，就是为了满足社会稳定的需要，有了思想的出路。因此佛教界和各地方领袖人物的结合就是必然的了。有的地方领袖就在自己家族里分出两支，一支管地方行政事务，另外一支，比如老二，就出家，掌管宗教，一个家族僧俗两方面都管。萨迦的例子就最明显——这样的情况不止他一家，许多根据家庭传承的比如宁玛派也是这样，在萨迦班智达致藏区各地方领袖的公开信里说——因为阔端王和萨迦班智达已经商谈安排明确了，萨班的两个侄子，一个出家学佛教，继承他的佛教事业，成为佛教领袖；一个不出家，学蒙古王法，做地方行政领导人，后来被封为白兰王。又在西藏设十三万户，有的不到一万户，有的很难说有多少户，因为只统计差巴，其他种类的劳动者不算在内，所以藏区实际人口统计不太准确。元朝进行户口调查，调查了好分工。

三、元以后政教合一制度的发展

从元朝开始，佛教界介入政治比较深了，因为萨迦派就是这样，政治宗教一家管。但它比较清楚自己当时的力量，它无法满足需要，所以就委派各地统治者为十三万户。这时候政教合一还没有完全形成，就是朝廷委托萨迦人统治。萨迦人在元朝任宣政院使，推荐各地领袖，上报朝廷。十三万户到现在从地名上还可以看出来，像止贡，就是止贡万户；蔡巴，就是蔡巴万户；夏鲁，就是夏鲁万户。当时佛教起着稳定社会的作用，所以萨迦派受到社会的尊重。

到了明朝，封建农奴制度进一步加强，最明显的标志是设“宗”一级的行政单位，原来有十三万户，下面是否还有千户、百户不清楚。安多一带的千户、百户都是明朝留下来的东西，大概在安多靠近汉区的地区设有千户、百户，在藏区没有实行。明朝的时候开始设宗，宗就是县一级的政权，将谿卡纳入系统，行政、生产相结合，这办法很聪明。这一级的谿卡比较大，宗一级的谿，叫“宗谿”，宗谿并列。当时西藏设了很多宗，使封建农奴制进一步深化。

设宗以后，就要设管理宗的官员“宗本”。官员怎么产生，从哪里来呢？内地的官员遴选制度，原来有推荐制，有九品中正制、世袭制，最后通

阐化王扎巴坚赞（grags-pa rgyal-mtshan dpal-bzang-po，1374～1432年）：《明史》中作吉剌思巴监藏巴藏卜，是帕木竹巴朗氏（rlangs）家族的僧人。帕木竹巴自元末就已经是在前后藏辖区最广的地方政权。14世纪中期，绛曲坚赞（扎巴坚赞的祖父辈）以武力兼并前后藏各万户的领地，统治了前后藏大部分地区，在经济、政治、宗教方面施行一系列新措施，对西藏后来政教合一制度的最终形成具有深远影响。帕木竹巴政权中，宗教及地方行政首领一般由朗氏家族中不同的人担任。

扎巴坚赞八岁任泽当寺座主，1385年末退职（泽当寺座主由其弟继任）而转至内乌栋孜就任帕竹的行政首领。明洪武二十一年（1388年），明朝准予扎巴坚赞继任帕竹地方行政首领，并封其为灌顶国师阐化王。

扎巴坚赞统治期间有许多重大举措：如制定服饰等级条例；施行宗本世袭制度；并积极扶植新兴的格鲁派以扩大帕竹的影响。1409年宗喀巴举行的第一次传召大法会，及此后创建噶丹寺、哲蚌寺，帕竹政权属下的许多重要贵族都曾作为施主。他担任帕竹地方行政首领的四十余年间，卫藏地方社会繁荣、文化发展，达到这一时期的顶点。

过考试来选拔，就是科举制。但在藏区不行，科举考试要考“四书五经”，在藏区没有这个条件，所以皇帝也不勉强。要考孔夫子孟夫子的学问，藏区谁知道这个学问，因为它没有官学和私学，学校教育系统不完整，在寺庙里只知道大五明、小五明，学大五明、小五明，他怎么应考科举？在这种情况下，西藏就采取从寺庙里产生官员的办法。

从这个时候起，就逐渐完全地走向政教合一。元朝后期帕竹噶举派的绛曲坚赞（扎巴坚赞的祖父辈）用武力夺了萨迦派的权，明朝承认了这一事实，并加封扎巴坚赞为“阐化王”，他的王府设在山南内乌栋孜（今西藏山南乃东），此地土地肥沃，条件很好。他原来是噶举派，后来转而支持格鲁派，因为他看出最有希望的是宗喀巴，这就是政教合一制度的另一个尝试。我们可以看看关于扎巴坚赞的历史，这个家族为什么在当时会有那么雄厚的力量？为什么五世达赖会产生在琼结？因为他们当时已经走到社会的上层，已经充任公职。政教合一制度，是到明朝中叶以后，随着管理上的需要而逐渐产生的；其完善则是在清朝，清代朝廷也有意识扶植它。

藏区的教育系统，我们可以回过头来看米拉日巴，他是一个很典型的例子，因为他的书在，传记在，从米拉日巴身上可以很好地研究藏族社会佛教制度的发展。他是家庭传承，他的曾祖父、祖父都是“阿巴”（咒师），谁家小孩病了给看看病、念念经，谁家死了人给超度超度。米拉日巴可能从小受的就是家庭教育，没有修身齐家、诚心正意、治国平天下的观念，这和内地孔孟的思想不一样。孔孟儒家的思想就是知识分子就该立下志愿治国平天下，历代知识分子受到这个影响，读书时就立下志愿要献身社会。藏区受的是佛教教育，和内地不一样。我现在还是强调这点，它的文化背景不一样，佛教的文化背景不是让你去修身齐家，它连家都不要的，而是要自度度人、自利利他，这和儒家的背景不一样。

噶尔东赞（mgar-stong-btsan-yul-bzung，？～667年）：吐蕃大相（吐蕃职官名，约相当于中原朝廷的宰相），出身于吐蕃贵族噶尔氏家族，《唐书》中译作“禄东赞”，意即“大相东赞”。佐助松赞干布建立吐蕃王朝，制定法律及一系列政治制度。唐贞观十四年（640年）他赴长安向唐太宗为松赞干布请婚，获准，次年复去长安迎文成公主入吐蕃。他勇武智慧，“进对合旨”，深得唐廷敬重。阎立本传世名画《步辇图》即描绘唐太宗接见其请婚的历史场景。松赞干布逝世后，他辅佐年幼的芒松芒赞处理朝政，继续执行唐蕃友好及巩固王室政权的各项国策。禄东赞有杰出的军事才能，在吐蕃统一青藏高原的过程中功不可没，曾平定珞部叛乱，出击白兰、大破吐谷浑，后亲自率兵屯驻青海，乾封二年（667年）卒于青海日布。其子赞业、钦陵袭大相职，子嗣助理国政达半个世纪之久。

吞弥桑布扎：吐蕃赞普松赞干布时期著名大臣。“吞”是氏族名，“桑布扎”意为“西藏学者”，是印度人对他的敬称。早年奉松赞干布之命赴印度留学，精研梵文和佛学。回到吐蕃后，在梵文元音和辅音字母基础上进行增删，结合藏语声韵，首创藏文，初译佛经。藏文史籍中称其为“七良臣”之一。

僧俗合作

在西藏，藏传佛教的僧人毕竟是读书的，懂得历史，懂得宗教，所以就选择他们出来当官。过去西藏很多宗的管理人员由两种人来担任：一种是当地贵族、贵族子弟，是世袭的。其中一些贵族是新贵族，靠造反发家的，还有一些人宣称他们是老贵族，像蔡巴说我们是噶尔东赞的后代，吞巴说我们是吞弥桑布扎的后代。也许他们是有证据的，但有谁去计较这个？有谁会说你拿出证据来给我们看看？像噶尔氏，他们在吐蕃时候被杀害了两千多口，剩下的主要成员都跑到唐朝去了，可这时他们又起来了，说我们是真正的贵族。有些人对名人效应是很感兴趣的，现在社会上不也是这样吗？因为他有影响。

还有一种管理人员不是贵族，而是寺庙里委派的僧官。往往是寺庙里出类拔萃的、为人公道的、受人拥护的人，这时候被推举出来参加行政管理工作，担任各宗的宗本或更高的官职。新的农奴主和新的农奴组成了新的社会，封建农奴制就步入了新的时代。一个宗往往设两个宗本，一个俗官，一个僧官，僧俗二人合作。

封建农奴制最风光的时代

到了清朝，社会发生大的变化，漠西蒙古的四部互相争斗，所以只

清敕封五世达赖之印

好向外发展，其中和硕特部从新疆到青海，最后就往西藏来了，至少在五世达赖和四世班禅掌权之前，他们就进来了。当时第悉丹迥旺波（即藏巴汗）正在迫害格鲁派，四世达赖圆寂后他不让转世，后来还是四世班禅以他个人的能力，为藏巴汗治好了病，藏巴汗才允许达赖转世。五世达赖和四世班禅与蒙古人合作，共同与满洲人结成新的联盟，那就是封建农奴制最风光的时代了。

1652年，顺治帝敦请五世达赖到北京会晤，举行盛大的仪式，并颁赐金册金印，封五世达赖为“西天大善自在佛所领天下释教普通瓦赤喇怛喇达赖

喇嘛”，从而有效地加强了以达赖喇嘛为首的西藏地方政权。这个政权，是一个以格鲁派宗教人物执掌政教两权的政教合一制度。此后清乾隆朝先后出台了《酌定西藏善后章程十三条》及《钦定藏内善后章程二十九条》。不仅实现了清政府对西藏治理的制度化、规范化，还正式确定了藏传佛教格鲁派达赖系统和班禅系统的宗教领袖地位，使之与驻藏大臣列于平等的地位，共同履行对西藏地方的治理权。这一时期成为西藏政教合一制度的完备期。

寺院拥有庄园和属民，在经济上有雄厚实力，在政治上有极大权力，不负担地方政府的任何差役。但各个寺院的农奴同地方政府的属民和贵族的农奴一样，要不断支应寺院各种差役。政教合一的制度愈是趋于完善，广大劳动人民在三大领主统治下所受的压迫和剥削愈是沉重。老百姓把宗教上层人物称为“喇嘛本布”，意思是“喇嘛长官”，是赞颂也是嘲讽。宗教势力在旧西藏政教合一制度下得到膨胀，消耗了西藏大量人力资源和绝大部分物质财富，禁锢着人们的思想，逐渐成为妨碍生产力发展的沉重枷锁。

1959年的西藏民主改革实行“政治统一、信教自由、政教分离”的方针，废除寺庙在经济、政治上的一切特权，废除寺庙的封建占有、封建剥削、人身奴役以及寺庙内部的封建管理和等级制度。民主改革恢复了宗教的本来面目，有效保障了西藏人民宗教信仰的自由，也为西藏实行人民民主政治奠定了基础。

后记

本书是根据我国著名藏学家王尧教授在四川大学中国藏学研究所举办的系列藏学讲座《走近藏传佛教》的录音整理而成的。为了保持王先生讲座内容的讲授风格与语言特色，我们在整理时仅仅做了最低限度的技术处理，基本上保留了讲演者的"原汁原味"。

本书从录音整理成文字，四川大学中国藏学研究所的不少老师和同学付出了辛勤的劳动。其中，张长虹、杨清凡博士细心地对每次讲座都安排了录音，从而为后期的文字整理工作保留下珍贵的语音资料。录音的文字初步整理后，由杨清凡博士再次对整理稿做了校对与修订，改正了初稿中的文字错误，增加了其中必要的人名、地名、寺名等的藏文、拉丁文转写。为了更好地帮助读者理解本书中所涉及的一些专业性术语，杨清凡博士还撰写了必要的知识链接，作为本书延展阅读的内容。为了帮助听众对讲座内容有直观、形象的理解，每次讲座时都由张长虹、杨清凡博士选配了一些相关的图片制作成PPT放映，这次整理成书时，杨清凡博士从中选择了部分图片作为本书的插图。最后，全书文字由霍巍教授作了终校，并根据王尧先生的讲授提纲和录音整理的文稿增加了各章的小标题。

中华书局对此书的整理与出版工作自始至终给予了大力支持，策划编辑张苹、责任编辑林玉萍为本书奠定了规范的体例，进行了认真的审读，最终促成了本书的出版问世。

值此机会，我们谨向以上机构和个人表示最衷心的感谢！

我们衷心期望，通过本书的出版，能够为关心西藏传统文化的读者提供一本内容丰富、深入浅出、精致而平实的有关藏传佛教的普及性读物，为中国的藏学事业贡献一份应尽的力量！

整理者

2011年9月17日

附录

进一步延展阅读的十本参考书目

王尧：《水晶宝鬘——藏学文史论集》，（台湾）佛光文化事业有限公司，2000年。

王尧：《西藏文史考信集》，中国藏学出版社，1994年。

王森：《西藏佛教发展史略》，中国社会科学出版社，1997年。

王辅仁：《西藏佛教史略》，青海人民出版社，1982年。

藏族简史编写组：《藏族简史》，西藏人民出版社，1985年。

刘立千：《藏传佛教各派教义及密宗漫谈》，民族出版社，1997年。

丁汉儒等著：《藏传佛教源流及社会影响》，民族出版社，1991年。

（意）图齐：《西藏的宗教》，耿昇译本，天津古籍出版社，1989年。

土观·罗桑却季尼玛著、刘立千译注：《土观宗派源流》，西藏人民出版社，1984年。

李安宅：《藏族宗教史之实地研究》，中国藏学出版社，1989年。